KB259951

한울-시앙스포 총서 1

민주주의로 가는 길

·

기 에르메 지음
임미경 옮김

한국어판 감수의 글

　민주사회가 민주시민을 만드는가, 민주시민이 민주사회를 만드는가? 분명한 것은, 민주주의란 단순히 고정된 사회제도가 아니며, 안정과 발전을 위해 시민들의 각성과 참여를 요구한다는 사실이다. 각성된 시민들의 지속적인 정치참여만이 민주사회의 기초를 튼튼히 다지고, 안팎의 변화에 맞춰 개별 사회에 알맞는 민주질서를 형성해간다. 민주화의 첫단계를 지나 좀더 발전된 민주사회를 이룩하려는 우리 사회에서 시민들의 각성과 참여를 가능케 하는 시민사회 차원의 노력은 무엇보다도 중요하다. 한울-시앙스포 총서는 이러한 노력의 하나로 기획되었다.

　'세계화'로 불리는 20세기 말의 세계질서 재편과정에서 지구상의 모든 국가, 공동체, 개인은 서로 연결되어 있으며 지구촌 전체의 변화로부터도 자유롭지 못하다. 따라서 자신의 사회질서를 발전시키려는 지구촌의 모든 구성원들은 급변하는 세계질서에 따라 자기 자신의 생활공간과 사회제도를 새롭게 구축해야 한다. 현실세계에 대한 올바른 이해와 깨어 있는 의식에 바탕을 둔 지구촌 구성원들 각자의 노력이 모아져서 개별 사회질서와 세계 전체의 질서는 사람이 살 만하게 바뀔 수 있다. 이 총서의 주제들은 세계를 이해하고 변화시켜 나가려는 지구촌 구성원들이 꼭 알아야 할 현실문제들이다.

　이 총서에서는 대중의 관심을 끌고 있지만 잘 정리되어 있지 않은 사회과학의 여러 분야에 걸친 문제들이 대중성과 전문성의 적절한 균형 속에서 다루어지고 있다. 미국 중심의 세계질서 재편이 이루어지고 있는 현실에서, 그리고 미국의 영향을 직접 받고 있는 우리 사회에서 프랑스 지식인들이 민주주의와 세계질서 재편을 포함한 현대세계와 관련된 주요한 쟁점들에 대해 보여주는 이해와 비판은 우리 자신의 문제를 좀더 폭넓은 관점에서 바라볼 수 있게 해준다. 그러나 정치, 경제, 문화 각 분야에서 나타나는 우리 사회와 프랑스 사회의 차이는 주제에 따라 엄청난 시각차를 일으킨다. 따라서 이 총서는 독자들의 이해를 돕고 우리 나름대로의 관점을 찾기 위해 각 권마다 해설을 덧붙였다.

　다양한 현실문제들을 다루고 있는 한울-시앙스포 총서가 우리 사회에서 건전한 시민문화를 형성하고, 나아가 세계화 시대를 함께 살아가는 인류공동체의 진보에 기여할 수 있게 되기를 바란다.

박순성(동국대 교수, 경제학)

총서를 펴내며

이 총서는 무엇보다도 우리의 현실세계에서 논의되는 큰 문제들에 관심을 갖는 일반 독자들을 위해 출간되었다. 그런만큼 이 총서는 저자들의 면모나 소재면에서 프랑스 사회만의 문제가 아니라 유럽과 전 세계의 문제들을 대상으로 하고 있으며, 시앙스포 출판부 나름대로의 방식으로 대중의 대논쟁에 참여하고자 기획·집필된 책들이다.

따라서 이 총서의 목표는 지식인들이나 대학교수 및 연구자들에게 정치, 경제, 사회 전반에 걸친 본질적인 문제들에 대해 생생한 관점을 제공하는 데 있다. 물론 여기에서 관점이란 저자들이 충분한 숙고와 연구 끝에 얻어낸 것이다.

시앙스포 출판부는 여론을 선도하는 전문인들의 영역으로만 논쟁을 한정짓지 않으려고 노력함으로써, 까다로운 사회과학도 스스로의 한계에서 벗어나 사회적 효용을 가질 수 있음을 보여주고자 한다. 사회과학다운 엄정성을 지키면서도 무거움을 버리고, 여론 마케팅의 함정에 빠지지 않고도 시대의 문제에 관심 있는 시민들이 접근할 수 있는 내용을 갖춘다면, 사회과학도 명확하고 간결하게 시대를 증언할 수 있고, 나아가 상투성을 극복하고 편의성의 허상을 폭로할 수 있는 것이다.

비평적 도구와 기술적 예시의 무거움을 덜어내고 지루하지 않도록 짜여진 각 권의 내용은, 학술적인 종합이 아니라 지식인 공동체가 언제라도 활용할 수 있는, 명쾌하고 직접적인 표현으로 되어 있다.

백과사전적인 지식의 나열을 지양하고 현실에서 제기되는 쟁점을 집중적으로 탐구하는 이 총서는 불필요한 군더더기 없이, 지나친 단순함이나 지나친 난삽함을 벗어나 진정한 의미의 대중적 논의 마당을 열어보이고자 한다. 그리하여 이 총서는 진정한 참여의 문화를 건설하고자 부단히 노력한다.

- 편집기획위원

베르트랑 바디, 장-바티스트 부아예, 장-뤼크 도메나크,
마리-프랑수아즈 뒤랑, 세르주 위르티그, 알랭 랑슬로,
자크 르카쉐, 티에리 르테르-로베르, 미레이으 페르슈,
도미니크 레니에, 르노 생솔리외, 크리스토프 드 보그드

시앙스포 출판부

한울-시앙스포 총서 1

민주주의로 가는 길

Le passage à la démocratie

Guy Hermet

Presses de Sciences Po

Paris, 1997

Le passage à la démocratie
by Guy Hermet

민주주의로 가는 길 ■ 차례

서론

베를린 장벽이 무너지면서 사람들은 온 세상이 민주화되는 시대가 열리고 있다고 믿었다. 이미 1974~1975년에 포르투갈, 그리스, 스페인에서 독재정권이 무너짐으로써 어떤 전조가 느껴졌다. 민주주의라는 정치체제를 통해 하나의 공통된 세계를 형성하고 있던 서구 국가들에 이 나라들이 합류하면서 민주주의체제는 통상적 한계에 도달한 것처럼 보였고, 그 한계는 당시만 해도 넘어설 수 없는 것으로 생각되었다. 그 후 1980년대 중반, 라틴 아메리카의 군부가 예상외로 순순히 정권을 내놓고 병영으로 물러갔다. 그것은 한편으로는 기분 좋으면서도 당황스러운 일이었다. 민주주의의 새로운 시대가 열린 것이 아닌가. 라틴 아메리카에서 갓 태어난, 연약한 민주주의체제들이 살아남을 수만 있다면, 적도 부근에 자리잡은 권위주의적 정권들—겉으로는 멀쩡해 보이지만 단죄받아 마땅한 정권들—을 밀어벌지도 모를 일이었다. 그러나 이러한 변화는 문화적으로 유럽과 가까운－비록 유럽문화의 본류에서 벗어나 있기는 하지만－사회들에서 일어난 것인 이상, 다음과 같은 편견을 재검토하도록 할 만큼의 큰 변화는 못 되었다. 민주주의란 하나의 사치로서 모든 사람이 누릴 수 있는 것이 아니며, 또한 누구나 그 가치를 제대로 알아보는 것도 아니라는 편견 말이다. 요컨대 민주주의는 발전이라는 케이크의 꼭대기를 장식하는 버찌 같은 제도에 불과하다는 생각이 고수되어온 것이다.

이같은 교만한 생각은 1989년에 이르러 고개를 숙였고, 불행히도 아주 잠시 동안이었지만 희망이 싹텄다. 사실 그때 동구권의 대격변에 바로 뒤이어 아프리카에서도 시민혁명이 확산되었다. 라틴 아메리카는 이미 민주주의를 향한 길로 접어들었으므로, 아시아와 이슬람 국가들만이 기회를 만나지 못하고 있었다. 그러나 중국, 태국, 인도네시아, 베트남에 대해 사람들은 여전히 희망을 품고 있었다. 사람들은 이 나라들이 이미 1947년 민주주의를 안착시킨 인도나, 1986년 코라손 아키노의 주도 아래 기적처럼 민주화에 성공한 필리핀의 예를 따를 수 있으리라고 기대했던 것이다.

민주주의를 일찍 정착시킨 국가의 국민들은 자기들만이 누려온 정치적 특권이 곧 사라질 것으로 생각했다. 그와 더불어 민주주의로 이행하는 과정에 있던 당사국들도 그때까

지 존중하는 마음을 약간이나마 가지고 용인해온 억압을 벗
어던진 것 같았다. 이런 '존중하는 마음'이야말로 억압을 조
장하여 오랫동안 그들의 민주주의적 소양이 꽃피는 것을 방
해한 요인이었다. 동유럽인들과 아프리카인들이 민주주의를
얻기 위해 바치는 열정을 보면서 이번에는 서유럽인들이 그
들 대신 마음껏 민주주의를 누렸다. 그러나 안타깝게도 이
러한 도취는 얼마 지속되지 못했다. 이슬람 사회에서는 설
상가상으로 민주주의가 종교적 근본주의와 결합했다. 종교
적 근본주의는 가치의 다원성이나 관용의 미덕과는 반대되
는 입장에 있는 것이다. 중국은 자국의 기존 정치체제를 강
화하기 위해 시장경제를 활성화했다. 아프리카에서는 비록
남아프리카공화국이 변화된 모습을 보여주었다고는 해도,
그 사실만으로는 대륙의 거의 전역에서 민주주의의 싹이 시
들어버린 사실이 감추어질 수 없었다. 특히 옛 공산권에서
는 소련, 유고슬라비아, 체코슬로바키아가 해체되고 말았다.
이들 중 소련과 유고슬라비아는 인정할 수 있는 영토에 대
해 최소한의 통치력을 갖춘 국가를 우선 유지해야 한다는
더욱 급박한 과제가 가로놓여 있었으므로, 민주화의 문제를
상황이 좀 나아진 다음으로 미룰 수밖에 없었다.

　이와 함께 거의 모든 동유럽 국가에서, 심지어 민주화의
기반이 갖추어져 있는 곳에서까지 다음과 같은 세 가지 사

실이 드러나면서 우리를 낙담시키고 있다. 첫째, 현재로서는 과도기라는 말이 민주주의를 향해 나아가고 있음을 가리키기보다는 온갖 재앙을 끌어들일 수 있는 기간을 의미한다는 점이다. 둘째, 개혁을 실천하는 일이란 극도로 복잡하며 그것이 낳는 모순은 모든 것을 마비시키기도 한다는 사실이다. 예를 들면 시장개방은 즉시 경기침체를 불러오며, 이러한 경기침체로 인해 민주주의의 정당성은 약화된다. 한편 민주주의를 연습하는 과정에서 경제적인 발전은 제동이 걸리는 것이다. 셋째, 개혁이란 그 용어 자체가 완곡한 표현에 불과하다는 사실이다. 민주화에는 혁명적인 대격변이 필연적으로 요구되는데, 이러한 대격변은 마치 판도라의 상자를 열듯이 통제할 수 없는 연쇄현상을 불러일으키며, 이러한 사태는 대체로 격앙된 민족주의적 반감을 초래하곤 한다.

이렇듯 무너져온 희망을 되돌아본다고 해서 그 희망마저 부질없는 일이 되어버리는 것은 아니다. 희망의 좌절을 겪으면서 그동안 꿈꾸어왔던 목표는 이제 민주화라는 상투어를 벗어버린 채 다른 이름으로 이야기되고 있다. 스페인이 독재로부터 해방되던 경험에 따라 민주화라는 말은 즉시 적용가능한 모델인 양 일반화되었고, 언론에서는 이 말을 진부하리만큼 남용해왔다. 그러나 공산주의체제에서 벗어난 유럽 국가와 중앙아프리카의 동부지역이 민족갈등으로 인해 분열하고, 그 와중에 다수의 지배가 끔찍한 결과를 낳을 수도 있다는 사실이 적나라하게 드러나자, 민주화라는 말은 사람들의 당면 관심사에서 밀려났고 언론 역시 이 단어를 폐기해버리고 말았다. 이행론(transitologie)의 전문가라고 자부하던 미국의 정치학자들은 웃음거리가 되었다. 그들은 자기네가 수립한 이론의 처방만 따르면 민주화의 성공은 보장된다고 주장해왔던 것이다. 정치실무자인 양 행세하고 싶어 안달하던 학자들의 환상이 깨지면서, 민주화를 즉시 사용가능한 현금처럼 여기며 열광하던 태도 역시 수그러들었다. 그러나 이처럼 꿈을 포기함에 따라 여전히 남아 있는 질문, 즉 어떻게 하면 '민주주의 단계에 진입할' 수 있는가 하는 질문을 좀더 겸손하게 되돌아보게 되는 긍정적인 면도 생겨났다. 오늘날 이 질문에 대한 대답은 아마도 과거의 경험들을 통해 모색되어야겠지만, 그에 앞서 받아들여야 할 점은 지금 우리가 한 세기를 보내고 다른 세기를 맞이하는 상황은 과거와는 전혀 다르다는 사실이다.

어쨌든 민주화가 오래 전에 완료된 경우는 이미 그 사례를 규명하기가 힘들어졌으며, 현재 변화가 진행중인 경우도 현상이 복잡하게 뒤얽혀 있다. 그렇기 때문에 이 책은 단지 답안이 될 수 있는 몇 가지 요소만 제시해 줄 뿐, 그 다음에는 더 깊은 성찰이 있어야 할 것이다. 이 책이 말하고자 하는 내용은 다음의 세 가지 주제로 요약된다. 첫번째는 민주주의와 민주화라는 말에 대한 정의인데, 이 피해갈 수 없는 선결문제는 먼저 1장에서 살펴볼 것이다. 두번째 주제는 민주주의의 역사에 관한 것이다. '민주주의의 최초의 모습들로부터 오늘날까지', 즉 '근대 민주주의체제'가 예기치 않게 출현한 이후로 1945, 1975, 1989년에 걸쳐 민주화 물결이 일어나기까지, 민주주의가 탄생하고 발전해온 과정과 중요 사건들이 2, 3장에서 다루어질 것이다. 마지막으로 4, 5, 6장에서는 민주주의체제가 수립되어 뿌리내리기 위해, 또한 이 체제에 부응하는 유형의 시민권이 등장하기 위해서는 어떤 요소나 요인들이 작용하는지를 재검토할 것이다. 이 책의 논의들이 앞으로 더욱 깊이 있는 토론을 이끌어낼 바탕이 되기를 바란다.

1

민주화란 무엇인가

민주화(démocratisation)라는 말은 이제 그 정확한 의미를 잃어버렸다. 이제 이 말은 시대정신에 비추어 유익하고 바람직한 것을 가리킬 뿐이다. 우리 주변에서 팩시밀리가 널리 쓰이고 있는 것을 두고 같은 단어를 써서 팩시밀리의 사용이 '대중화되었다'(démocratisé)고 말한다.[*] 이것은 팩시밀리가 극히 권위주의적인 사회에서 사용되어도 적용되는 말이다. 마찬가지로, 예전에는 고등교육에서 소외되었던 하층민 출신의 젊은이들이 대학에 진학함에 따라 대학교육이 '일반화되고'(démocratisé) 있다. 이렇게 말할 때는 대학의

[*] 프랑스어 'démocratisé'(동사 démocratiser의 과거분사)는 여기서 보는 바와 같이 '대중화된', '일반화된'의 뜻으로도 많이 쓰인다—옮긴이.

운영이 여전히 교수진이나 대학행정기구에 의해 좌우되고 있고, 따라서 민주주의(démocratie)보다는 권위주의에 가깝다는 점은 고려되지 않는다.

그렇지만 한 나라가 민주적(démocratique)이 아닌 통치형태로부터 민주적인 다른 통치형태로 옮겨가는 경우에는 달리 표현하기가 어렵다. 이 경우 민주화라는 용어는 예외적으로 그 정확한 의미를 갖게 된다. 즉 어떤 재화나 서비스에 접근하기 쉬워졌다는 의미로 막연하게 사용된 것이 아니라 정치적인 의미로 사용된 것이다. 여기서 살펴보고자 하는 것은 바로 이러한 의미의 민주화이다. 민주화란 자유체제를 수립 혹은 재건하는 과정이나 결과와 관계되는데, 이때의 결과는 그렇게 수립된 체제가 국민의 의사와 인간의 권리를 얼마만큼이나 진정으로 존중하는가 하는 차원에서뿐만 아니라 얼마나 지속적으로 뿌리내리도록 하는가 하는 차원에서도 평가된다.

그렇다면 민주주의란 무엇인가? 빈정거리기 좋아하는 사람들이 말하듯이 그것은 정치체제 중에서 가장 덜 고약한 것인가, 아니면 좀더 좋게 말해서 쉼없이 추구되어야 할 인간의 향상(向上)이라는 이상인가? 그것은 제도들의 집합인가, 아니면 어떤 가치체계를 말하는가? 그것은 한 사회 전체에 영향을 미치는가, 아니면 목록에 나와 있는 일련의 절차일 따름인가? 독재체제들이 파렴치하게 민주주의라는 명찰을 차지해버린만큼, 이러한 질문에 대답하기란 어려울 수밖에 없다. 현대는 공산국가들이 '인민민주주의'로 자칭하는 시대이며, 또한 프랑코 치하의 스페인이 스스로 '조직적 민주주의'라고 자부했던 시대이다.

민주주의라는 이름의 대의체제

오늘날 민주주의는 유일하게 바람직한 통치양식인 것처럼 보인다. 그러나 민주주의가 언제나 높은 평가를 받아왔던 것은 아니다. 플라톤은 민주주의란 하층민에 의한 통치이며 이러한 통치는 쉽게 방탕으로 흘러서 결국 폭군의 수중에 넘어가기 쉽다고 보았다. 한편 아리스토텔레스는 평민의 의사를 제한적으로 수렴하는 귀족정 같은 것이 바람직한 통치형태라고 생각했다. 그로부터 2천 년이 흐른 18세기 말에 이르러 민주주의 이념이 과거의 잿더미에서 다시 싹텄지만, 새로 싹튼 민주주의 이념에도 여전히 고대인들이 지녔던 것과 같은 편견이 따라다녔다. 미국 헌법의 기틀을 세운 선각자들은 민주주의를 자신들의 전통문화의 한 요소로 인정하기는 하면서도, 한편으로는 이를 인민(人民)이 정치적 의사결정에 직접 참여하는 하나의 통치방식으로 보았다. 즉 민주주의란 시대에 뒤처진 정치모형으로서, 이와 같은 직접 참여의 방식이란 모든 구성원들이 일정한 공공장소에 모일 수 있는 작은 집단들에게나 적당하다고 생각했던 것이다.

더구나 이렇게 인민을 혐오하는 감정을 갖지 않은 다른 선각자들도 현재 우리가 아는 바와 같은 민주주의 제도를 상상하지는 못했다. 예를 들어 루소가 머리속에 그리고 있던 민주주의는 시민들이 직접 주권을 행사하는 형태로서, 그는 현재 스위스 산악지역의 작은 주에서 하고 있듯이 매년 시민들이 넓은 초원에 모여 협의를 통해 정치적 결정을 내리는 방식을 제시했다. 특히 루소는 자신이 보기에는 실현 가능한 어떤 유토피아의 전망을 내세웠는데, 이 유토피아에서 민주주의란—그는 민주주의라는 용어를 사용하지는 않았다—인간의 본성을 변화시키려는 꾸준한 노력을 통해서, 즉 인간이 비속한 개인적 이해관계를 버리고 공공의 이익을 존중하기로 마음을 바꿈으로써 실현된다는 것이다. 이러한 꿈은 사회주의와 아나키즘이 길러낸 모든 혁명적 주의주장에 영감을 불어넣었다. 그러나 알다시피 이 혁명적 주의주장들이 가 닿은 지점이란 불행히도 거리의 소요사태일 뿐이었고, 그나마 직업정치인들에 의해 재빨리 회유되고 말았다. 게다가 더 나쁜 경우이기는 하지만 이런 유토피아의 전망은 공산주의식 의사(擬似)민주주의로 귀결되기도 했다.

이와 같은 사실로 볼 때, 개인의 자유보다 만인의 평등을 우위에 놓은 공상적 사회주의자들은 집단으로서 갖는 행복보다는 개인으로서 갖는 행복을 중시한 사람들과의 겨룸에서 졌다고 말할 수 있다. 여기서 승리한 쪽이 바로 근대적 대의정치의 실제적 창안자들이다. 사실 이들은 민주주의를 두려워하고 있었다. 이들이 자기네 창안물을 좀더 매력 있게 보이도록 하기 위해 민주주의라는 이름을 사용했다고 하더라도, 그 창안물은 어쨌든 애초에는 인민의 열망을 막아내고 그 영향을 지연시키는 장치로서 발달한 것이다. '민주주의를 만들어낸 장인(匠人)들'은 민주주의를 확산시키려 하기보다는 제한하려고 애썼다. 그들은 부자들의 소유물을 시샘하고 파괴하려는 대다수 인민의 압력에 더욱 효과적으로 대처하기 위해 법의 권력을 강화했다. 그리고 같은 목적을 위해 대의(代議)의 원칙을 바람직한 정치의 황금률로 삼고, 인민이 직접적으로 권력을 행사할 모든 길을 막았다.

베르나르 마냉(Bernard Manin)은 『대의정치의 원칙들』[*]이라는 저서에서 이 기만술이 어떻게 사용되었는지를 보여준다. 논리상으로 민주주의 정치체제에서 통치자는 피통치자와 동등하므로, 예전에 귀족들이 자신과 평민 사이에 차

---

[*] Bernard Manin, *Les principes du gouvernement représentatif*, Paris: Gallimard, 1995.

별을 두었던 것처럼 통치자가 자신과 피통치자 사이에 사회적 출신과 교양이라는 잣대로 차별을 둘 수는 없다. 그러나 실제로는 그와 정반대였다. 차별의 원칙, 즉 통치자와 피통치자는 서로 다르다는 원칙이 계속 유지된 것이다. 이와 대비시켜 마냉은, 아테네의 민주주의는 비록 노예제를 바탕으로 성립되었다는 흠이 있지만, 적어도 집정관으로 선출된 자들과 시민들 사이에는 평등성이 보장되는 장점을 지니고 있었다는 점을 지적한다. 그 근거는 정치 혹은 사법의 책임자들이 제비뽑기를 통해 선출되었다는 데 있다. 이 경우 뽑힌 사람이 과연 그 임무를 담당할 능력이 있느냐는 문제가 제기되지만, 이것은 적성(適性)을 무제한으로 기록한 명단이 해결해주었다. 그 도시국가 안에서 어떤 역할이라도 할 수 있는 사람이라면 누구나 명단에 이름을 올리고 이를 통해 무작위로 선출되었으므로, 역할을 맡을 기회는 모두에게 똑같이 돌아갔던 것이다.

제비뽑기식 선거제도는 르네상스 시대의 이탈리아 도시국가들에서도 운용되었는데, 여기에서 선거는 귀족정에서와 같은 엘리트주의적 면모를 띠었다. 그러나 18세기에 들어와 영국의 의회의원이나 미국의 제헌의회의원, 프랑스의 대혁명 주체들은 제비뽑기식 선거제도가 지닌 평등성에는 관심이 없었고, 그보다는 권력보유자를 선출하는 단 하나의 적

법한 수단으로서 불평등 선거방식을 선호했다. 이를 통해 그들은 대의정치체제를 유일하게 채택 가능한 통치형태로 제시했던 것이다. 그리하여 이때부터 차별이라는 귀족정치의 규칙이 평등이라는 민주적 원칙보다 결정적으로 우세해졌다. 루소가 최고의 주권자 자리에 올려놓은 인민은 국민주권주의에 의해 곧바로 밀려났고, 그 자리는 의회주권이 차지하게 되었다. 이러한 점을 근거로 독일의 법학자 한스 켈젠(Hans Kelsen)은 나중에 '민주주의'라고 불리게 될 이 체제가 인민을 두 부류로 나누었다고 보았다. 하나는 언제나 선출되는 자들인 '지도자 인민'(peuple-chef)이고, 다른 하나는 수동적 인민, 즉 책임을 수행할 기회를 거의 박탈당한 시민들이다. 오늘날에 와서도 여전히 정치가들은, 예를 들어 국민투표를 적용하는 범위를 확대함으로써 현재의 민주주의체제에 약간의 평등주의적 요소를 도입하는 문제가 제기된다든가 하면 경계성 발언을 다급하게 쏟아놓고는 하는데, 그 이유는 현체제가 지향하는 방향이 근본적으로 위에서 이야기한 것과 같기 때문이다. 물론 이러한 입장에도 타당성이 있지만, 여기에는 통치자와 피통치자 간의 차별에서 오는 특권을 유지하려는 발상이 숨어 있음을 알아야 한다.

사실 이러한 발상이 별로 문제시되지 않고 넘어갈 만큼 대의민주주의에는 이점이 많다. 왜냐하면 대의민주주의는 그것이 지닌 엘리트주의적 성격에도 불구하고 헤게모니를 체계화하고 제한하는 뛰어난 미덕을 갖고 있기 때문이다. 그 헤게모니는 상당히 개방된 일종의 계급제도에서의 헤게모니인데, 이 계급제도 안에서 계급을 결정하는 것은 권력에 입맛이 동한 교육받은 사람들이 벌이는 경쟁이며, 출신은 부차적인 요소일 뿐이다. 마지막으로 검토할 점은 우리가 잘 알고 있는 민주주의란 정치의 전문가들이 선거를 통해 서로 교대하는 체계라는 사실이다. 이 교대체계 안에서 어떤 사람들은 중요한 직책을 얻게 되는 반면, 또 어떤 사람들은 유권자들에 의해 해임당한다. 물론 이들은 다음번 선거 때 다시 복귀할 가능성을 가지고 물러나는 것이다. 어떻게 보면 이러한 정치체제는 국민들이 주체가 되어 즐기는 볼링게임 같기도 하다. 달리 보면 그것은 제1순위의 지원자들이 참가하는 위태롭지만 평화적인 승계장치처럼 보인다. 이 지원자들은 오늘날 권력을 획득하려면 일시적인 실패 위험을 감수하는 편이 다른 어떤 과격한 방식을 택하는 것보다 바람직하다는 점을 인식하고 있는 것이다. 요컨대 민주주의체제에서 국민대중은 자신의 주권을 위임함으로써 안락함을 얻는 동시에 주권을 위임받은 사람들을 비판하고 심지어 처벌하는 권리를 누린다는 사실을 알 수 있다.

그러나 이러한 시각으로는 민주주의에 대한 열망을 불러

일으키기 어려우므로, 이론가들이나 여론 주도층은 다른 표현을 쓴다. 그들 대부분은 우선 국민에게 경의를 표한 다음, 선거, 대의제, 다당제, 좌파와 우파 등 가장 중요한 것들을 언급한다. 좀더 민감한 사람들은 불확실성을 민주주의의 특징으로 끌어들이기도 한다. 어쨌거나 다음과 같이 말할 수 있다. 민주주의체제에서는 통치자들이 자신들의 미래를 확실하게 장담하지 못한다. 그들의 미래는 국민의 의사에 달려 있기 때문이다. 또한 이 체제는 권위주의적 성향을 가진 선동정치가들이 그릇된 확신을 남발하더라도 유권자들이 자신의 역할을 잘 알고 있다면 그런 주장에 별로 영향을 받지 않는 체제이기도 하다.

정치적 민주주의, 사회적 민주주의, 수식어가 붙지 않은 민주주의

그렇다면 더 나은 것을 바랄 수 있는가? 이 물음은 형식적 민주주의와 실질적 민주주의에 대한 오랜 논쟁과 관련된다. 민주적 제도의 존중—즉 형식주의—가 '사회적 평등을 향한 진보'라든가 '각 개인의 운명의 성취'라고 표현되는 실질적 민주주의에 필수불가결한 선결조건이 된다는 사실을 깨닫도록 유도한 경험의 눈으로 볼 때, 양자는 서로 화해를 이룬 것 같다. '부르주아적' 민주주의의 제도적 장치란 위선적인 겉치장에 불과하다고 보고 사회주의적 민주주의를 주장하던 사람들도 있었으나, 그들은 인간의 자유의지를 부정하는 독재정치의 발달에 기여했을 뿐이라는 사실이 적어도 20년 전에, 즉 공산체제가 붕괴하기도 전에 이미 밝혀졌다. 그러나 1917년 볼셰비키 혁명의 이상이 총체적으로 타락하고 말았다는 사실에 근거하여 민주주의에 대한 모든 급진적 비판을 폄하하는 것은 너무 성급한 태도이다.

오늘날 우리가 누리고 있는 정치제도로서의 민주주의가 이미 오래 전에 재판정에 올라 배심원의 명확한 평결이 내려지지도 않은 채 재판이 끝났다는 점도 민주주의를 올바로 이해하기 어렵게 만드는 한 요인이다. 역설적인 일이지만 민주주의의 위풍당당한 치장을 가장 잘 벗겨낸 사람들은 가장 온건한 보수주의 사상가들이다. 토크빌(Tocqueville)이 분석한 바에 따르면, 프랑스의 경우 1789년의 대혁명은 통치자만 바뀌었을 뿐 여전히 모든 것을 관장하는 중앙집권적 국가가 사회보다 우위를 유지했다. 그 후에도 파레토(Pareto), 오스트로고르스키(Ostrogorski), 그리고 슘페터(Schumpeter)가 민주정치의 엘리트주의적 속성을 지적했다. 민주주의란 정치 당사자들이 선거라는 장치의 힘을 빌려, 켈젠이 말한 '지도자 인민'을 위해 마련된 경쟁 속에 끼어든 자들을 쫓아내는 대의정치체제에 불과하다고 역설했던 것이다. 이것은 아주 순진한 사람이 아닌 이상 누구라도 아는 사실이다. 1913년, 로베르토 미헬스(Roberto Michels)는 사회민주주의적 기구들 역시 과두정치에 의해 지배되고 있다는 사실을 밝혀냈는데, 이 과두정치가 보장하는 종신적 지위는 민주주의 원칙에 비추어 전혀 적절하지 못한 것이다. 이러한 점 역시 모두들 인정하는 사실이다.

이처럼 민주주의에 대한 비판이 이미 이루어진 탓에 혁명주의적 비판가들에게는 민주주의 정치가 낳은 사회적 결과들을 고발하는 일만 남겨졌다. 그들의 고발은 기껏해야 선악의 이분법을 넘어서지 못한 것이었는데, 그들은 인간의 본성이 어느 한 가지로 규정될 수 없을 만큼 모호한 것이며, 또한 이후에 산업사회가 발전함으로써 당장은 명백해 보이는 사실조차 잘못된 독단론으로 바뀌고 말 것이라는 점을 몰랐던 것이다. 그들이 보기에 가정, 종교, 그리고 특히 국가는 그것이 독재적이든 민주적이든 인간을 지배하고 소외시키는 수단에 불과했으며, 또한 소유를 영속화하여 불평등 상태를 고착시키는 방편일 뿐이었다. 그들의 관점에서 보면 이와 같은 정치체제들은 부르주아 민주주의이거나 그 어떤 독재체제이거나 상관없이 모두 파괴하는 것이 정당했다. 1936년 내전이 일어나기 직전에 있었던 스페인의 첫번째 민주화 노력이 아나키스트들의 서투름 때문에 실패로 돌아간 데는 당시 아나키스트들이 위와 같은 신념으로 무장하고 있던 탓도 있었다.

이에 반해 마르크스주의자들은 좀더 신중했다. 마르크스 자신은 영국에서 시행된 보통선거가 혁명을 가져오리라고 믿은 적도 있었다. 얼마 후 그는 프랑스에 나폴레옹 3세의 권위주의체제가 수립되자, 그 정치체제를 예외적인 부르주아 국가로 규정했다. 그가 나폴레옹 3세의 제2제정에서 발견한 것은 다음과 같은 공식이었다. 즉 부르주아지는 계급 간의 투쟁에서 프롤레타리아트로부터 승리를 빼앗을 수 없게 되면 노동자 선거권의 전진을 막고 자신들의 경제적 지배력을 유지하기 위해 '우연히 등장한' 독재자에게 '자신의 주권을 맡긴다'는 공식이다. 어쨌거나 마르크스는 의회정치 체제가 부르주아지 혹은 자본가 지배의 통상적 도구일 뿐이라고 생각했다. 한편 엥겔스는 나폴레옹 3세나 비스마르크 방식의 권위주의가 거꾸로 유산자들의 '자연종교'가 된다고 보았다. 마르크스주의 입장에서 민주주의를 바라보는 데는 이처럼 여러 가지 견해가 있었지만, 그러나 정통파 마르크스주의자들이 다원적 민주주의에 대해 품고 있던 적의는 전혀 변하지 않았다. 그들은 다원적 민주주의를 법 앞의 평등을 확언함으로써 대중을 속이려는 가상물로 파악했다. 이러한 법 앞의 평등이란 부의 분배와 교육받을 기회의 불평등으로 인해 거짓임이 드러나는 것이다.

1890년대에 접어들자 선거투쟁이라는 합법적 방법으로써 사회를 근본적으로 변화시킬 수 있다고 믿는 마르크스주의자들은 거의 없었다. 단지 베른슈타인(Eduard Bernstein) 계열의 '수정주의자'들만이 이러한 점진적 사회개혁을 계속해서 주장하고 있었으나, 사회민주주의가 실제로 나아간 방향은 이들과는 거리가 멀었다. 마르크스주의자들이 보기에 형식적 민주주의란 기껏해야 실질적 민주주의로 가기 위한 하나의 도정에 불과했다. 게다가 마르크스주의자들은 실질적 민주주의로 나아가는 길을 러시아 혁명이 아주 신속하게 효과적으로 닦아놓았다고 생각했다. 그들에게도 실질적 민주주의란 모든 적절한 수단을 동원해서 도달해야 할 궁극적 목표였으나, 형식적 민주주의는 이 수단들 가운데 하나일 뿐이었다. 더구나 이 형식적 민주주의라는 수단은 노동자라는 전위계급을 잠재우는 힘을 갖고 있는만큼 가장 바람직하지 못한 것이었다. 반면에 그들은 프롤레타리아 독재야말로 뒤이어 도래할 완전한 민주주의를 낳는 탁월한 산파라고 주장했는데, 그것은 프롤레타리아 독재가 대의정치라는 마법을, 특히 선거의 마법을 멸시하기 때문이었다. 선거란 혹시 질지도 모르는 것이었으니까 말이다.

목적을 위해서 방법상의 죄과는 감수할 수밖에 없다는 이같은 입장은 1945년 이후 식민지에서 해방된 국가들이 세계 무대에 갑작스럽게 등장하면서 다시 정당성을 얻었다. 제3세계에서 다원적 정치체제의 강화라는 과제는 세계 인구 중 엄청난 다수의 물질적·정신적·문화적 빈곤의 근절이라는 문제에 직면하자 곧장 부차적인 것으로 밀려나고 말았다. 또한 빈곤한 국가들의 경우 다당제에 기초한 민주주의는 국가를 분열시키고, 국가의 발전을 책임진 통치자들의 권위를 약화시키는 요인으로 비춰졌다. 이들 국가의 통치자들은 모든 힘을 결집시키는 방식으로 단일정당제를 선택했고, 이렇게 선택된 단일정당제는 종종 진보를 표방하는 군부통치와 맺어졌다. 이들이 목표로 삼은 것 역시 실질적 민주주의였다. 그러나 여기서 지향하는 실질적 민주주의는 새로운 방향을 택했고 지금까지와는 다른 가치를 표방하게 되었다. 평등을 향한 포부는 이제 더이상 한 국가 내의 문제로 국한되지 않았다. 오히려 평등주의적 구상이 선진국과 저개발국 사이에 놓인 뿌리깊은 간극을 해소하는 일로 옮겨져 적용되었던 것이다. 이와 함께 선진국과 후진국 간의 평등의 문제는 제로섬게임의 논리로 설명되었다. 제로섬게임 이론에서 한편의 부는 다른 편의 빈곤의 원인으로 분석되는데, 종속이론가들의 지적에 따르면 이러한 부의 편중 현상은 식민지적 착취와 이후의 신식민지적 착취의 메커니즘을 통해서 생긴다.

이렇게 하여 얻어진 민주주의는 사회주의라는 이름을 얻었고, 거기에 특수성을 부여하는 형용사가 덧붙었다. 예를 들어 낫세르(Nasser)의 이집트나 시리아, 이라크에는 아랍 사회주의라는 말이 주어졌고, 니에레레(Nyerere)의 탄자니아를 비롯한 유사한 경우는 아프리카사회주의라고 불리게 된 것이다. 아시아에서도 이러한 사회주의가 등장했는데, 특히 미얀마의 경우를 들 수 있다. 이러한 사회주의는 처음에는 소련과는 다른 독자성을 지녔다고 자부하고 있었다. 그러나 점차 빈약한 정신적 토대로 인해 외적 버팀대가 절실히 필요해지자, 많은 사회주의 국가들이 집산주의적(集産主義的) 마르크스주의를 본떠와 자신들의 국가에 맞추어 해석했다. 이러한 예는 콩고, 멩기스투(Mengistu) 치하의 이디오피아, 마다가스카르, 옛 포르투갈령 국가들에서 볼 수 있다. 특히 쿠바는 공산주의를 완성했고, 그리하여 20년간 카스트로(Fidel Castro)의 혁명은 사회주의적 민주주의를 추구하는 저개발 국가들의 등불이 되었다. 쿠바 혁명이 이같은 의의를 지닐 수 있었던 이유는 그것이 수행된 방식에 있다. 쿠바 혁명정부는 1958년 이전에 라틴 아메리카에서 가장 발전한 사회를 무대로 한 게릴라 투쟁을 통해 수립되었고, 이어서 시민사회가 남긴 모든 흔적을 지워버렸던 것이다. 또한 쿠바 혁명정부는 그들이 시행한 정책면에서도 귀감이 되었는데, 예를 들어 경제의 철저한 집산화(集産化), 이데올로기에 따른 국민의 편성, 경찰력을 동원한 통제 등이다. 가장 유별난 것은 카스트로에 대한 예찬이 서구사회에도 확산되었다는 점에 있다. 서구사회의 지성인들은 걸핏하면 쿠바 모델을 칭송하며 인용하곤 했다.

그러나 1975년경 바람의 방향이 바뀌어 다원적 민주주의를 복권하려는 움직임이 일어났다. 여기에는 여러 요인이 작용했다. 우선 유럽의 안전과 상호협력에 관한 헬싱키 협정의 협상과정을 거치면서 인간이 누려야 할 권리에 비중을 두게 되었다. 거기에다 소련 반체제인사의 증언, 소련의 아프가니스탄 침공, 크메르 루주가 저지른 학살의 폭로, 공산주의 통제경제의 실패 등이 보태졌다. 이러한 새로운 국면들은 형식상의 민주주의 제도를 갖추지 못했더라도 실질적 민주주의를 실현하는 것이 더 중요하다고 주장해온 사람들을 낙담시켰다. 이미 소련은 1956년에 이어 1968년 헝가리와 체코슬로바키아를 차례로 침공함으로써 실질적 민주주의를 주장하는 사람들에게 큰 부담을 안겨준 적이 있는데, 이런 일련의 사건들로 인해 그들의 주장은 더욱 수그러들 수밖에 없었던 것이다. 그리하여 민주적 사회제도를 주장하는 사람들이 실질적인 의사(擬似)민주주의의 지지자들에 맞서 주도권을 쥐게 되었다. 이런 상황이 되자 서유럽에서는 민주주의와 함께 완전한 시장경제, 즉 자본주의의 논리가 잃었던 힘을 되찾았다. 빈곤한 자들은 자유에 관심이 없다는 생각이 갑자기 모습을 감추고, 반대로 자유가 진정한 발전의 조건이라는 생각이 고개를 들었다. 1990년부터는 중부와 동부 유럽의 국가들이 민주주의에 갓 입문한 신참자로서의 열의를 가지고 그러한 증거가 되어주었다. 이후 미처 예상하지 못한 사하라 사막 이남의 아프리카도 그 뒤를 이었다. 아바나나 동베를린을 정치의 순례지로 삼았던 사상의 대가들은 이제 예전에 자신들이 공개적으로 비난했던 '시장경제'에 대한 무조건적 지지자로 탈바꿈했다.

민주주의로 들어가는 문턱

이런 일련의 상황은 너무도 기적 같은 일이라서 혼란을 일으키지 않을 수 없다. 중국의 예가 입증해주듯이 시장경제의 수립이 민주화의 동의어는 아니다. 더구나 민주주의 자체도 단순히 선언적인 방식으로 세워지는 것은 아니다. 여기서 두 가지 질문이 제기된다. 이 질문들은 특히 현재 진행중인 민주화에 관한 것이다. 하나는 새로 태어난 민주주

의는 최소한 어떠한 가치를 보유하고 있어야 그 진정성이
보장되는가 하는 질문이다. 또 다른 하나는 새로운 민주주
의는 대체로 빈곤에 짓눌려 있는 국민들에게 지속적으로 영
향력을 행사할 수 있어야 하는데, 그러기 위해서 그것은 다
원적 대의정치체제라는 특허받은 제도를 그대로 답습하는
일을 뛰어넘어 어떤 궁극 목표들을 지향해야만 하는가 하는
질문이다.

첫번째 질문에 답하기 위해서는 우선 자유화와 민주화
가 별개의 것이라는 사실을 살펴볼 필요가 있다. 민주화란
권위주의적 통치방식을 버리고 피통치자들의 동의에 근거
하는 자유체제를 수립하는 것을 가리킨다. 반면에 자유화란
표면적으로는 어떻게 보이든지간에 여전히 독재체제 안에
자리잡고 있다. 사실 독재체제는 세 가지의 실행수단을 가
진다. 억압을 거침없이 드러내거나, 자유의 결여를 보상하기
위해 물질적 혹은 법률상의 만족감을 부여하거나, 자유화를
시행하는 것이다. 그런데 자유화는 권력을 재정비할 뿐이다.
현재의 지도자들은 권력을 내놓으려고 생각하기는커녕, 그
와 반대로 자유화를 통해 권력을 강화하려 든다. 자유화는
경제분야에 흔히 적용된다. 경제에서 자유화를 시행하는 이
유는 중국과 베트남에서 보듯이 국민을 옥죄고 있는 부자유
의 조임쇠를 늦춰주고, 또 그것을 빌미로 외국의 투자를 끌

어들이기 위해서이다. 자유화는 문화와 정보 차원에도 적용되는데, 이는 외부 세계에 대해 일정한 체면을 세우고 지식인들을 회유하여 지지를 끌어내기 위한 것이다. 마지막으로 자유화는 때때로 정치무대에 등장하기도 한다. 예를 들어 정치적 진영이 자신들이 감금해 두었던 인사를 석방하거나, 비록 통제하에서라도 선거를 통한 경쟁이 이루어질 때이다. 극단적인 경우가 되면 독재체제는 스스로 존속하기 위해서 절반 정도는 자유체제의 모습을 띠려고 애쓴다. 이것이 미하일 고르바초프, 혹은 그보다 앞서 브라질의 정치군인들이 제시했던 처방이다. 그러나 브라질의 경우에도 그랬듯이, 이것은 어디까지나 온건한 방법으로 독재체제를 유지하려는 방편에 불과하다. 이 온건한 방법들이 비록 공개적으로 폭력을 사용하는 것보다는 낫다고 해도, 그 목적은 독재체제를 청산하는 것이 아니라 예전보다 더 은근한 방식으로 그것을 조장하려는 데 있다. 그런데 자유화의 주동자들이 처방한 정책들이 예기치 않은 결과를 낳게 되면, 이같은 결과를 감당할 수 없게 된 그들은 자신들의 의도와는 달리 스스로의 몰락을 초래하게 된다. 바로 고르바초프에게서 그러한 예를 재확인할 수 있다.

그렇다면 사람들이 이제야말로 민주화의 문턱에 와 있다고 생각해도 좋은 때는 언제인가? 최고위직 지망자들이 공약으로 표명하는 것을 넘어서 국민 각자가 판단하는 차원에서 말이다. 이 점을 판단하는 데는 반드시 공정하고 설득력 있는 지표가 필요하다. 그러한 지표란 주권재민의 원칙이 인정되고 행동·표현·정보의 자유가 지켜지는가, 자유경쟁이 보장되는 정기적인 선거를 통해 국민의 대표가 되고자 하는 사람들을 가려내는 장치가 확립되었는가 하는 것과 함께, 헌법에 기초한 다원적 정치구조와 법치국가로서의 규범, 그리고 정당제의 최소한의 기초적인 틀은 갖추어져 있는가 등이다. 그러나 이러한 조건을 갖추었다고 해도 어떤 경우는 허구에 불과할 때가 있다. 예를 들어 아프리카에서는 수많은 선거가 치러졌지만 민주화는 여전히 요원하다. 차우세스쿠 사망 후의 루마니아와 현재의 러시아도 사정은 마찬가지다. 판단의 결정적인 기준이 결국은 민주주의의 실천에 있는 이유가 여기에 있다. 형식만으로는 민주주의를 증명할 수 없는 것이다.

민주주의를 실천하는 데는 세 가지 사항이 요구된다. 그중 앞의 두 가지는 절대적인 것이며 세번째 것은 앞의 것과 비교해서 비중이 덜하다고 할 수 있다. 첫째는 정치의 주역들이 서로 상대방을 충분히 신뢰하고 전체가 지켜야 할 게임의 규칙에 합의해야 한다는 점이다. 이것은 예를 들어 선거에서 지거나 질 염려가 있을 경우라도 쿠데타나 국민을 동원한 폭동과 같은 비민주적 방식을 배제한다는 것을 뜻한다. 둘째는 국민주권이 효력을 미치는 범위와 관련된 것인데, 특히 유권자들이 처음에 자신들의 통치자를 선택할 수 있어야 하지만 그보다 더 중요한 것은 차기선거에서 반대투표를 통해 그를 실제로 내쫓을 수도 있어야 한다는 것이다. 사실 독재체제에서는 이미 정부 고위직을 차지한 인사가 의원으로 뽑히고, 이어서 자신의 자리를 보통선거의 후광으로 장식하여 끝까지 유지하려 하는 것이 일반적이기 때문이다. 셋째는 인간의 권리를 존중해야 한다는 당연한 요구이다. 그러나 이 문제에서는 겨우 혼돈에서 벗어난 민주국가들이 국가 권위의 토대를 순식간에 잃어버릴 수도 있다는 점을, 그리하여 이러한 곳에서는 때때로 민주주의의 일시적인 유예가 가능하다는 점을 인정해야 한다. 그럴 때는 물론 세심한 경계가 따라야 한다는 조건이 전제된다.

그 밖에도 다음과 같은 질문이 남아 있다. 유럽의 다른 지역에 비해 자국이 낙후되어 있음을 수치스러워하는 동유럽 국가들, 그리고 적나라한 빈곤과 불평등의 질곡으로 멍든 저개발국가들에서 갓 태어난 민주주의체제가 비록 이러한 요구조건을 갖추고 있다고 해도 지속적으로 성장할 수 있을까? 민주주의란 단지 정치에만 국한되는 것인가? 여기에서 이념적 관점은 잠시 접어두고 실용적 관점에서 민주주의의 형식과 실질에 대한 논의를 다시금 되돌아볼 필요가 있다. 민주주의는 경이로운 발전을 이룩하는 능력을 갖지는 못했다. 그러나 민주주의가 시민들로부터 자신들의 삶이 점진적으로 개선되기를 바라는 당연한 희망을 빼앗지는 말아야 한다. 결국에는 실망감만을 안겨줄지도 모르지만 말이다. 상황은 민주주의가 없을 때보다는 있을 때 더 좋아질 수 있다. 특히 라틴 아메리카의 예가 입증하듯이, 민주화를 급격한 재산 재분배와 혼동했던 태도는 1945년 이후 이 두 작업을 모두 폐기시키는 재앙을 불러왔다. 하지만 그렇다고 해서 지금 민주주의를 마치 하나의 편의품처럼, 혹은 이전의 제3세계 국가들에서 그랬듯이 사회개혁을 무한정 미루도록 해주는 안전판처럼 인식하는 태도가 정당화되지는 않는다. 민주주의를 하나의 편의품이나 안전판쯤으로 여기게 된다면 다시금 민주주의는 하나의 미끼의 모습으로 나타나, 숨어서 기회를 엿보는 권위주의적 예언가들에게 빌미를 주게 될 위험이 있다.

2
근대 민주주의체제

　토크빌은 1830년대 후반에 『미국의 민주주의』*라는 저서에서 다음과 같이 말했다. "나는 한 국가를 통치하는 경우 국민의 다수가 모든 것을 할 권리를 갖는다는 준칙이 부도덕하며 가증스럽다고 생각한다. 그렇지만 나는 모든 권력의 기원이 다수의 의지에 있다고 본다." 대의정치체제의 창설자들이 빠져 있던 딜레마도 이러한 것이다. 우선 그들은 왕의 권위를 인정하지 않고 왕의 권위 대신에 자신들의 권위를 내세우려 했다. 그런 한편으로 이 권위가 자신들이 지닌 부의 당연한 결과로서 자연히 자신들에게 돌아오리라는 사

---

* Alexis de Tocqueville, *La démocratie en Amérique*, Paris: Gallimard, 1968, p.145.

실을 확신한 그들은 군주의 개인적 정당성에 맞서 스스로 보기에도 낯설었지만 국민주권의 집단적 정당성을 주장했다. 그러나 그들로서는 국민주권을 인정하는 것보다 더 불쾌한 일은 없었다.

보통선거라는 괴물

민주주의의 기본인 대의정치체제가 처음부터 역설적 성격을 띠게 된 이유는 바로 위와 같은 점에 있다. 대의정치를 구상해낸 사람들은 주권이 군주 한 사람을 통해 구현된다는 군주정의 주장에 반박할 다른 논거를 마련하지 못했던 탓에, 오직 인민만이 통치할 자격이 있다고 선언할 수밖에 없었다. 그러나 인민을 이렇게 예찬하면서도 그들이 자기네 엘리트 집단 구성원들의 재산이나 안전을 위협하지 않을까 염려했던 이들은 인민으로부터 실제로 의사를 표현할 가능성을 모두 빼앗지 않을 수 없었다. 즉 선거에 투표하거나 입후보할 권리를 박탈한 것이다. 이러한 배제조치는 오늘날에는 공정하지 못해 보이지만 당시에는 민주적이라고 인정되던 원칙을 따른 것이었다. 비록 그들이 '민주적'이라는 형용사를 썩 달갑게 여겼던 것은 아니지만 말이다. 그 원칙이란, 민주주의란 무엇보다 선거과정의 질서정연함에서, 그리고 선거결과로 도출된 다수의 의사의 적용에서 나오는 것이므로 능동적 정치주체의 규모, 말하자면 유권자의 수는 아무래도 상관이 없다는 것이다.

의회정치제도를 고안해낸 영국 상류계층이 절대주의 이론을 자신들도 모르는 사이에 빌려왔다는 사실에 주목하는 사람들에게 위의 생각은 오늘날 그럴듯하게 보인다. 절대주의 이론에서는 인민을 왕의 일부로서 왕과 구분할 수 없는 것으로 본다. 사실 영국 상류계층은 그들 스스로를 인민의 근간으로 여기고 있었다. 이때 그들이 생각하던 인민의 범주는 좀더 넓어지기는 했으나 여전히 제한된 것이었다. 반면에 정치참여자로서의 유권자 국민의 구성은 다양하게 변화해왔지만 그렇다고 해서 각 시대의 정치체제가 민주주의로 인정받지 못한 것은 아니라는 점을 상기하면, 선거권의 제한을 주장한 사고방식이 용납될 수 없는 것만은 아니다. 미국의 민주주의는 흑인에게 투표권이 주어지기 이전부터 존재했고, 영국의 민주주의는 1918년 보통선거가 공포되기 이전에, 프랑스의 민주주의는 여성과 18세 이상 청년이 투표에 참여하기 이전부터 존재하고 있었다. 그리고 현재도 역시 유럽 이외 지역 출신 거류민이나 청소년들에게는 투표권이 주어지지 않지만 민주주의는 존재하고 있다. 제한선거란 당시 자유주의자들에게는 양심에 거리낄 만한 일이 아니었다. 그들은 인민을 어린애쯤으로 여기고 있었던 것이다.

그렇지만 문제는 여전히 남아 있다. 유럽에서 영국과 프랑스가 민주주의의 기초를 닦으면서 근대정치를 창시했을 때, 거기에는 시민권의 제한이 뒤따랐다. 시민권의 제한은 주로 납세유권자에게만 참정권이 주어지는 형태로 표현되었다. 즉 최소한의 세금을 내거나 어느 정도의 재산을 소유한 국민에게만 선거권이 주어졌던 것이다. 이러한 선거에서는 인구의 다수를 차지하지만 세금을 내지 않고 재산도 거의 없는 가난한 자들은 배제된다. 영국은 1714년부터 이러한 제한선거를 실시했다. 상인과 금융가로 구성된 신흥계층을 대표하던 휘그당은 최초의 의회정치를 탄생시키는 데 주도적인 역할을 했다. 이 최초의 의회정치는 하층민에 대한 거부감을 자극하는 방식을 통해 존속했다. 계속하여 선거권의 범위를 축소해나간 휘그당은 나중에 토지소유자층과 더 밀접한 관계에 있던 토리당과 협력하였고, 그리하여 마침내 1832년에 이르러서는 선거권이 한 세기 전보다 더 축소되었다. 토리당을 지지하던 토지소유자들은 나중에 보수당의 기반이 된 계층이다. 결국 당시 인구 4명당 유권자는 1명에 불과했다. 이 시기는 자유의 앞날을 생각하면 결정적인 시기였지만, 또한 선거부정이라든가, 적합성이 없다고 판단된 입후보자에 대한 협박, 정치 이외의 분야에서도 행해진 인민에 대한 억압 등으로 얼룩진 시대이기도 했다. 몇 사람뿐인 유권자가 언제나 단독 입후보자와 모조리 연결되어 있던 '부패선거구'의 시대였고, 힘없는 하층민을 겁먹이는 정의의 시대였다. 유력인사들이 뽑은 유력인사인 무보수 치안판사들은 무엇보다도 먼저 자기들이 소유한 토지의 노동력을 장악하는 일에 전념했다. 더구나 이러한 편파성에 반발하여 폭동이 일어난다고 해도, 이 폭동들은 법이나 무력이 동원된 억압을 심화시켜 결국은 국민들 사이에 운명론적 체념을 심어줄 뿐이었다. 마침내 투표권은 여러 단계를 거쳐 천천히 확산될 수 있었는데, 1832년과 1867년의 개정을 거쳐 1884~1885년에 이르러서는 성인 남성의 56%가 유권자로 인정받았다. 그러나 30세 이상의 여성을 포함하여 영국의 성인 모두가 완전한 시민의 지위를 누리기 위해서는 1918년까지 기다려야 했다. 그 이유는 아마도 제1차 세계대전에서 돌아온 수백만 명의 참전자에게 투표권을 주지 않을 수 없었기 때문일 것이다(1928년에는 여성의 경우 선거법상의 성년이 21세로 낮추어졌다). 그리하여 민주주의의 못된 계모라고 할 수 있는 영국은 유럽의 여러 나라들보다 뒤늦게야 두려움을 떨쳐버리고 보통선거라는 괴물을 받아들이게 되었다.

한편 프랑스는 그에 앞서 1848년 보통선거에 대한 강박

관념에서 벗어났다. 프랑스는 스위스와 더불어 가장 먼저 보통선거를 실시했던 것이다. 그러나 1789년의 대혁명 주도세력이 인민을 신뢰하고 있었던 것은 아니다. 프랑스에서 평등사상이 더욱 광범위하게 확산된 것은 대자본가들이 강력하게 성장하지 못했고, 또한 부르주아 계급이 귀족들을 몰아내기 위해 인민대중의 힘을 필요로 했기 때문이다. 이 평등사상을 일반화시킨 사람이 루소(Rousseau), 디드로(Diderot), 생쥐스트(Saint-Just)였다. 그러나 이러한 평등사상의 확산에는 속임수가 감추어져 있었다. 그것은 국민 대부분이 농민인 국가가 일반여론을 충실히 따라간다는 명분으로 숨길 수 있었던 이중성이다. 지금까지 많이 논의된 이야기지만 프랑스 대혁명은 부르주아 혁명이었다. 혁명을 담당한 세력은 부르주아 계급이었고, 그들은 국가를 장악함과 동시에 이를 바탕으로 해서 당시 경제적 역동성의 결여로 인해 손에 넣지 못하고 있던 부를 얻으려고 했던 것이다.

한편 금융자본가들은 왕정에 기대를 걸고 있었고, 그들보다 재산 규모가 작은 부르주아지들은 여전히 공적인 지위나 자신들의 소유지를 기반으로 부를 추구하고 있었다. 그런데 귀족이나 성직자들이 소유하고 있던 토지를 처분할 때면 농민들 역시 힘이 미치는 한 그것을 탐냈다. 이 경우 해결 방식은 언제나 농민들을 억제하는 것으로 매듭지어졌다. 이러

한 사실이 비록 모든 상황을 설명하는 것은 아니지만, 대혁
명의 중요한 일면을 보여준다. 대의정치의 원칙을 엄격히 적
용함으로써 농민들을 지배하는 것이 곧 농민의 봉기를 막기
위해 권장된 방책이었고, 한층 더 신중한 방법은 투표권을
가능한 한 제한하여 그들을 무력화하는 것이었다.

그러나 프랑스에서 선거를 통해 지배권력을 물러나게 할
가능성은 영국보다 더 희박했다. 1791년의 헌법은 440만 명
의 '능동적' 시민에게 선거권을 부여하고 200만 명에 달하
는 '수동적' 시민과 구별했다. 이들 '수동적' 시민은 '재산이
전무(全無)하다'는 이유로 발언할 기회를 얻지 못했다. 더구
나 공포정치가 종식된 뒤 가두를 메운 시민의 압력이 줄어
들자 그 즉시 투표권을 배제하는 새로운 방식이 등장했다.
즉 선거인단에 의한 선거방식을 이용하여 능동적인 시민에
의해 확대된 선거권을 상쇄한 것이다. 1791년에는 고액과세
자 가운데서 뽑힌 4만 4천 명의 대선거자(grands électeurs)가
이미 모든 결정권을 차지하고 있었다. 이들 선거인단은
1794년에는 2만 5천 명에 불과했다. 1799년에는 집정관 정
부가 보통선거를 선포하면서 제3의 선거인단을 만들어냈다.
이 선거인단은 단지 6천 명에 불과한 대선거자로 최종 구성
되었는데, 이들이 다른 두 선거인단에 소속되어 있던 600만
프랑스 국민의 이름으로 입법부 의원들을 선출했다. 이와 비

교할 때 1815년부터 1848년에 걸쳐 왕정복고와 7월 왕정하에서 제한선거를 공공연히 채택한 것이 마치 진일보한 것처럼 보이기도 한다. 어쨌거나 1820년에는 10만 2천 명의 선거인이 평등한 권리를 누렸으니 말이다.

주요한 면만 볼 때 미국에서는 이런 차별이 없었다고 말할지도 모르겠다. 그러나 노예제도와 그 후의 흑인차별을 증거로 들이댈 것도 없이 이러한 평가는 되짚어볼 필요가 있다. 물론 영국의 식민통치로부터 벗어난 뉴잉글랜드의 여러 주는 제도의 민주성을 그대로 유지했는데, 이는 이곳 주민들이 주로 중류계층 출신의 비주류 신교도들이었다는 점과 관련이 있다. 그러나 뉴잉글랜드에서는 남자들만이 참여하는 소위 보통선거가 지켜졌다고 해도, 다른 주, 예를 들어 조지 워싱턴이 이끌고 있던 버지니아주 같은 곳의 상황은 이와 달랐다. 특히 주목해야 할 사실은 미국의 건국과정을 주도한 세력이 귀족적인 '버지니아인'들이었다는 점이다. 이들이 국민들을 완전한 덕으로써 장악하고 있었던 것은 아니다. 미국의 1787년 헌법은 버지니아 안(案)을 바탕으로 주권을 이원화했다. 이렇게 이원화된 주권은 두 가지 차원에서 구현되었는데, 하나는 연방정부의 주권과 주정부의 주권을 분리하는 것으로서, 이것은 여러 곳에서 차별이 오랫동안 유지될 수 있었던 원인이 되었다. 다른 하나는 대통령에게 국민투표에 의거하여 민중주의적인 정당성을 부여하고 그것을 상원의 귀족적인 정당성을 통해 견제함으로써 주권을 이원화하는 것이었다. 미국의 상원은 20세기까지도 아주 뚜렷이 과두정치의 성격을 띠고 있었다.

혁명이냐 선거냐

그렇지만 미국은 1832년, 잭슨 장군을 대통령으로 선출하면서부터 더 효율적인 민주화를 향해 확실히 나아갔다. 그와 함께 혁명의 가능성은 점점 줄어들었다. 이런 상황의 전개는 알다시피 다음과 같은 사건들에 기인한다. 우선 유럽에서 건너들어온 이민자들은 집단적 정치투쟁의 힘을 빌리기보다는 개인적인 신분상승을 통해서 자신이나 자녀들의 지위를 개선하고 싶어했으며, 그리하여 자신들보다 먼저 온 사람들을 더 높은 사회계층으로 밀어올렸다. 또한 남북전쟁으로 인해 흑인에 대한 차별이 철폐됨으로써 미국 국민의 구성틀이 다시 짜여졌다. 민주당은 새로 이주해온 백인들을 기반으로 그들의 다양성을 수렴하면서 지지기반을 쌓아갔다. 마지막으로 1880년대부터 아나키스트 성향의 노조운동에 대한 무조건적 탄압이 시작되어 1920년 이후까지도 계속되었다. 사코(Sacco)와 반제티(Vanzetti)의 처형이 이 시기 탄압의 강도를 상징적으로 보여준다.*

그 반면 유럽에서는 보통선거에 대한 두려움이 여전히 영향을 미치고 있었다. 만일 일반국민을 선거에 참여시킨다면 이들이 다수파로서 주도권을 잡고 한바탕 난동을 부릴지도 모른다는 우려를 떨쳐버리지 못한 것이다. 게다가 혁명을 억제한다던 제한선거는 혁명을 한층 더 부추기고 있었다. 그렇다고 해도 부자들은 혁명이라는 격변을 피하기 위해서 제한선거를 단념하려는 생각이 거의 없었다. 결론적으로 말해서 1848년, 프랑스, 합스부르크 제국, 프러시아, 이탈리아 등 유럽 각국이 혁명에 휩싸이기 직전에 처해 있던 상황은 오늘날 한 국가가 민주주의로 이행하는 과정과 공통점을 보여준다. 한편에는 선거권의 제한을 철폐하기보다는 폭동을 야기할 위험을 무릅쓰는 편이 더 낫다는 강경파들이 있었다. 폭동은 무력을 동원해서 진압할 수 있지만, 선거권의 개방은 그들이 보기에 제어할 수 없는 정치적 홍수를 유발하게 될 뿐이었던 것이다. 다른 한편에는 그 시대의 '개혁주의자들'이 있었다. 그들은 실용주의에 따라 반대노선의 온건파들과

---

* 사코와 반제티는 이탈리아 출신의 정치적 급진주의자들로, 미국으로 건너가 생선 행상 등을 했는데, 1920년 4월 강도살인 혐의로 함께 체포된 뒤 증거불충분인 채로 유죄선고를 받았다. 이 사건과 관련하여 재판의 불공정성과 정치성에 대한 항의가 국제적인 규모로까지 확산되었으나, 이들은 결국 메사추세츠에서 처형되었다ー옮긴이.

타협하려는 자유주의자들, 보통선거를 실시하려 드는 민주파 혹은 공화파들이었다. 이 민주파 혹은 공화파들은 보통선거라는 약만 있으면 대중의 경제적 지위를 개선해주지 않고도 공민권이 땅에 떨어진 데 대해 분노하는 대중을 위무할 수 있으리라고 기대하고 있었다.

19세기 중엽은 여자, 남자, 아이들 할 것 없이 공장 노동에 혹사당하던 시기였다. 프랑스 밖에서는 인민봉기가 되살아났고, 사회주의 이념들이 출현했다. 선거권을 얻지 못한 사람들이 자신들도 투표에 참여할 권리를 달라고 성화였고, 그들 중에는 이와 같은 상황을 이용하려고 기회를 엿보는 급진파 지도자들도 끼여 있었다. 19세기 중반의 상황은 이처럼 위태로운 것이었지만, 선거권을 확대하자는 제안은 강력한 저항에 부딪쳤다. 영국에서는 과감한 개혁주의자가 그리 많지 않았고, 자유주의자들도 보수주의자들과 마찬가지로 차티스트 운동의 비약을 두려운 눈길로 지켜보고 있었던 것이다. 차티스트 운동은 이 나라에서 일어난 민중의 자발적 움직임으로는 유일한 것으로서, 이 운동에 참여한 사람은 한때 200만 명에 달하기도 했다. 이러한 위협에 직면해 있으면서도 영국의 위정자들은 시민권을 확대할 엄두를 내지 못했다. 그들은 차라리 장기간에 걸친 간접적인 전략을 택했는데, 그것은 국가는 개입하지 않고 고용주와 노동조합의 협상을 통해 물질적인 면을 개선해 줌으로써 노동자의 요구를 억누르는 방법이었다.

따라서 국민의 선거권 요구를 억제하려는 목적으로 가장 먼저 사용된 수단은 경제적 차원에서 고안된 것이었다고 말할 수 있다. 미국과는 달리 영국은 당시의 산업 발전과 눈부신 번영에 힘입어 노동자 계층의 생활수준을 기적처럼 변화시켰다. 1840년대까지 유럽 대부분의 지역은 낙후되어 있었고, 이렇게 생산성이 뒤떨어진 사회에서 국민 대다수의 빈곤이란 마치 숙명 같은 것이었다. 그런데 영국은 이 시기에 이르러 자신이 갖추고 있던 기술, 상업, 금융의 힘으로 가장 먼저 빈곤이라는 숙명을 극복한 것이다. 영국은 자유무역에 문호를 개방할 수 있게 되었고, 관세의 장벽을 없앴으며, 특히 곡물법을 폐지했다. 곡물법은 국내의 곡물 생산자들을 보호함으로써 기초식료품 가격이 오르게 만든 원인이었다. 이러한 조치들로 인해 토지는 예전만큼의 이득을 낳지 못했다. 반면 1850년대에 접어들면서 생계비가 급감하자 도시 프롤레타리아트는 예전에 없던 만족감을 느끼게 되었다. 그 결과 영국의 지배층은 정치적 지위를 한층 강화할 수 있었다. 이들 대부분은 농업의 장래에는 무관심했다. 1939년까지 영국노동자들은 유럽 대륙의 노동자들에 비하면 자신이 귀족 같다고 느꼈다. 그래서 그들은 혁명적 의도와는 거리가 먼, 이른바 합의에 의한 노사관계의 운용방식에 동의하게 되었다.

실제로 노사관계는 합의에 따라 운영되었다. 유권자의 범위가 점진적으로 확대되어왔다는 사실은 분명 1918년까지 일반국민에게 정치적 희망을 심어주는 데 기여했다. 그러나 이 점은 부차적인 것이다. 본질적인 것은 무엇보다도 협상을 통한 조정방식을 시행했다는 사실에 있다. 고용주와 임금노동자는 의무적으로 단일 노동조합에 가입하고, 그들 간의 갈등을 국가의 간섭 없이 해결해야 했던 것이다. 1870년대에 입법화된 노동조합법을 통해 노동조합은 노동자들의 대표성을 독점적으로 보장받았다. 노동조합은 극단적 조치가 필요할 경우 클로즈드 숍*의 절차를 거쳐 공장 노동자들을 채용하는 권리를 확보했다. 이러한 장치가 만들어질 수 있었던 바탕에는 결국 다음과 같은 구상이 깔려 있었다. 그것은 교육받은 계층들이 주장하는 자유주의적 다원론으로는 노동자들이 품고 있는 순전히 물질적인 열망을 충족시킬 수 없다는 생각이다. 그 후 노동당이 보여준 정치의 권위주의적 특징들은 개인의 자유라는 계몽적 비전에 반발하는 육체노동자들의 본래 성향에 부합하는 것으로 비춰졌다.

* Closed Shop: 노동자 신규채용 때 고용조건을 노동조합에 가입한 조합원으로만 한정하는 제도—옮긴이.

　이러한 상황으로 미루어볼 때, 19세기 영국에서 민주화가 진정하게 실현된 것은 아니었다. 그러나 한걸음 진전한 의회주의와 확대된 표현의 자유는 장차 민주주의가 만개할 소지를 마련했다. 영국과는 달리 프랑스는 경제적 후진성과 되풀이되는 정변, 권위주의의 출현에도 불구하고 이미 1848년부터 민주주의를 실천하기 시작했다. 이것은 분명 대혁명의 전통을 흡수한 인민의 욕구가 분출된 결과였지만, 또한 인구의 대다수를 차지하고 있던 농민의 방어적 대응이기도 했다. 이들 농민은 파리의 시가지를 메운 폭동과 정치적 소요에 지쳐 있었는데, 이런 봉기를 교사하는 사람들은 유권자들이라기보다는 선동가들이었다. 프랑스 국민들이 민주주의의 장자가 될 수 있었던 것은 다음과 같은 모순에 힘입어 가능했다. 즉 1848년 2월에 일어난 혁명을 오로지 시급히 진화하기 위해서 제2공화국 헌법으로 규정한 보통선거가 바로 사회전복을 가로막는 보루가 되었던 것이다. 국민들 역시 이런 결과가 오리라고는 미처 예견하지 못했다. 어쨌든 사람들은 여전히 농업이 산업의 중심이며 국민 대다수가 변화에 적대적인 사회에서 선거권의 보편화가 낳는 보수주의적 영향력을 실감했다. 1848년 12월의 대통령 선거와 1849년 5월에 치러진 입법부 선거는 이러한 보수화 현상을 드러내면서, 부르주아 정치인들이 처음에 품었던 우려를 불식시켰다. 루이 나폴레옹 보나파르트가 대통령으로 선출되었으며, 선출된 의원 750명 중에서 500명이 우파 혹은 중도파였던 것이다. 더욱 놀라운 점은 루이 나폴레옹 대통령이 나폴레옹 3세 황제가 된 후에도 국민투표라는 구상 아래 치러지는 보통선거에 여전히 의존했다는 사실이다. 이러한 보통선거는 적어도 정기적으로 투표한다는 사실을 대수롭지 않게 만드는 장점이 있었다. 제3공화국은 이와 같은 보통선거의 유산을 이어받았다. 쥘 페리(Jules Ferry)와 같은 모범적인 공화주의자들이 국민투표를 제한 없이 실시하는 것은 시기상조라고 주장했지만, 그러나 이런 권고에도 불구하고 제3공화국은 국민투표를 계승했으며, 이를 통하여 대의정치의 새로운 형태, 즉 비로소 민주주의의 면모가 갖춰진 정치형태를 확고히 수립하게 되었다.

그렇지만 제3공화국의 때이른 성공으로 사회적 장애물이 제거된 것은 아니었다. 또한 선거를 오랫동안 미심쩍게 여겨온 노동자들이 공화제의 정당성을 충분히 납득한 것도 아니었다. 노동자들이 보기에 선거는 자신들을 권력으로부터 소외시키는 데 물리적 강제력보다 더욱 큰 힘을 발휘해왔기 때문이다. 이런 불안감에 대한 처방은 영국에서와는 달리 직접적이었다. 중앙집권적 국가가 노사관계에 직접 개입했으며, 노동운동을 처음부터 억압적으로 통제했다. 1871

년 파리코뮌에 대한 무자비한 진압으로 특히 노동운동의 지도자들이 제거되었는데, 이로써 노동운동은 향후 수십 년 동안 희망을 빼앗겼다. 그 후 노동운동은 조합운동으로서보다는 정치운동으로서 되살아났고, 그리하여 그것은 국가의 중재에 따르거나 혹은 1970년대까지 공산당의 보호 아래 정부에 대한 실질적 대항세력으로 자처하기도 했다. 끝으로, 이러한 일들의 이면에서는 공화주의적이고 종교와 분리된 학교가 평등주의·능력주의 정신으로 국민대중을 사회화시켰다. 이러한 사고는 국가가 후견인 역할을 자처함으로써 조장되는 불평등을 정당화하면서 또 그것을 완화하는 데도 기여했다.

복지국가의 창설

그렇지만 위에서 말한 공화국은 1942년 비버리지 경(Lord Beveridge)이 복지국가(l'État providence)라고 이름붙인 통치형태와는 전혀 달랐다. 그런데 자유주의 정치의 혜택을 누리지 못한 사람들에게 그들이 그때까지 무관심했거나 적대적으로 바라보았던 민주적 정치제도의 가치를 온전히 보여줄 수 있는 것은 복지국가에 의해 시행되는 과감한 조치들뿐이었다. '근대 민주주의체제'의 탄생이 순탄치 않았음은 이미 살펴본 사실이다. 하지만 공화국체제하에서도 역시 동시대인들은 궁핍에 시달렸다. 그들은 장차 재분배적 민주주의가 혜택을 가져오리라는 사실에 위안받을 수도 없었으므로 이런 궁핍을 더욱 부정적으로 느끼고 있었음이 분명하다. 그들은 자신들이 과도기의 증인이라는 사실을 모르고 있었다. 과도기는 그 탈출구를 찾을 수 없었고, 국민들이 품고 있던 막연한 기대에 떠밀려가고 있었다. 그것은 혁명적인 모험을 앞에 두고, 불안과 변화에 대한 갈망으로 나누어진 기대감이었다. 또한 그 과정에서 경쟁적인 정파들이 구사한 전술은 번갈아 성공하기도 하고 또 실패하기도 했다.

어떤 것의 반대편을 택했는데 내용은 여전히 같은 것인 경우가 있다. 막상 구체적인 실체로 구현되었을 때는 결코 이상형의 목록 속에 남을 수 없는 민주주의가 바로 이런 경우이다. 실질적 민주주의를 꿈꾸고 있던 대중을 형식적 민주주의로 전향시킨 복지국가의 기원을 고찰하려면 주변의 맥락을 자세히 살펴보는 귀찮음을 감수해야 한다는 사실이 이를 입증한다. 복지국가를 처음 설계한 사람은 권위주의적 독일제국의 수상이던 비스마르크였다. 그는 19세기 말, 노동자들이 사회민주당으로 몰려가는 것을 막기 위한 일종의 정치적 통제수단으로서 국가의 발전을 도모했다. 1875년 고타(Gotha)회의에서 독일 좌익노동자들이 과격한 마르크스주의 분파의 보호 아래 사회주의 계열과 통합하고 급진화한 사태를 이용하여, 그는 자신의 목표를 처음부터 쉽게 얻을 수 있었다. 비스마르크는 이 상황을 틈타 억압적인 법령을 공포했던 것이다. 그러나 사회민주주의자들이 혁명세력으로 기울자, 그는 노동자에 대한 가족적인 보호라는 기치를 내세우는 방식으로 교묘하게 맞섰다. 이러한 정책의 목적은 노동자들에게 물질적인 안정을 제공함으로써 그들이 국가에 의존하도록 만들고, 또한 그들로 하여금 눈앞의 정치·사회·경제적 상황에 대해 체제비판적 정파활동이나 노동조합운동을 외면하게 만드는 것이었다. 이렇게 하여 사회주의적 구상 중에서 가장 즉각적으로 지지를 얻을 수 있는 내용들이 실천에 옮겨졌다. 그 중에는 더 민주적인 체제를 운용하고 있던 다른 유럽국가들이 같은 법을 제정한 시기에 비해 반세기나 앞선 것도 있었는데, 그러한 예로는 특히 의료보험, 의무 연금제도, 노동재해 보상 같은 장치를 들 수 있다.

<유럽 국가들의 사회보장 입법 연표>

	독일	프랑스	영국	스웨덴
의료보험	1884	1930	1911	1955
의무 연금제도	1891	1911	1926	1931
노동재해 보상	1885	1946	1906	1916

이에 비해 다른 민주주의 국가들에서 사회보장 장치는 1

차대전과 특히 2차대전으로 인해 그와 같은 방향 전환을 하지 않을 수 없게 되면서 입법화되었다. 그 과정은 도전해오는 공산주의에 대한 대응이었고, 또한 1920년 이래 수년간 노동운동에서의 개량주의 노선이 내세운 기치와 선거공세에 눌려 지내온 수백만 명의 기대가 상승효과를 나타냄으로써 가능했다. 그리하여 1945년 이후 복지국가는 정치적 민주주의와 떼어놓을 수 없게 되었다. 그것은 사회적 민주주의의 대체물로서, 이미 효율성이 입증된 경제 메커니즘의 균형을 위협하지 않는 한 사실상 사회적 민주주의보다 더 바람직한 것이었다. 게다가 사회주의자들과 협력하여 확장을 꾀하고 있던 기독교민주주의 세력의 새로운 원칙에도 부합했다. 사람들이 이러한 대의정치의 극단적 형태를 민주주의의 본원적 모습과 혼동했던 이유는 이 정치형태가, 예를 들어 여성에게 투표권을 부여하거나 선거연령을 낮추는 등 다른 형태의 평등주의적 정의와 결합해 있었기 때문이다.

3
뒤늦은 민주화의 사례

유럽의 세 나라가 근대 민주주의의 기초를 닦고 나아갈 길을 제시했지만, 이들과 여러 모로 공통점을 지니고 있던 다른 서구 국가들을 포함하여 1914년까지 그들의 뒤를 따른 나라는 거의 없었다. 1920년대에서 30년대로 넘어오면서 유럽 양대 진영 사이의 정치적 균열은 더욱 심화되었는데, 그것은 거의 파시스트 형태의 독재체제들이 출현하고 러시아 공산주의가 세력을 강화한 데 기인했다. 이러한 도전에 직면한 가운데 1929년의 경제공황으로 인해 허약해진 민주주의는 1945년 새로운 전기가 마련될 때까지 침체에 빠져들었다.

게다가 당시 막 태동한 전유럽 민주화의 꿈은 급격히 시

들고 말았고, 이와 함께 식민지에서 해방된 국가들이 민주
국가로 성장할 수 있으리라는 희망도 꺾일 수밖에 없었다.
1975년에 이르러서야 세번째 도약이 이루어져, 남부 유럽과
라틴 아메리카 국가들의 통치양식을 좀더 효과적으로 뒤흔
들어 놓았다. 공산주의체제가 붕괴한 1989년 말, 모든 것이
가능해 보였던 이유는 아마도 이때의 경험 때문일 것이다.
그리하여 유럽 대륙의 완전한 민주화라는 꿈이 되살아났지
만, 그 꿈은 불행히도 다시금 큰 실망을 맛보았다. 아래에서
는 이와 같은 맥락에서 민주화의 성공과 실패의 역사를 수
놓은 사건들을 살펴보고자 한다. 이러한 사건들을 거쳐 민
주주의는 한 세기 만에, 적어도 유럽 문명권에 속한 국가들
에서는 현재 시행중인 유일한 정치형태가 되었던 것이다.

민주화의 좌절

1870년에서 1914년까지, 유럽 국가의 상당수와 라틴 아
메리카 국가들은 프랑스, 영국, 미국에서 실행되고 있던 정
치적 자유주의를 바람직하지 못한 방향으로 변형시켜 받아
들였다. 그 변형은 두 가지 형태로 나눌 수 있는데, 하나는
지중해식 변형이고 다른 하나는 독일식 변형이다. 이탈리아,
스페인, 포르투갈이 택한 지중해식 변형의 경우, 겉모습은

입헌군주정을 택하고 있었으나 실제로 정치를 좌우하는 것은 선거조작과 종신직이 보장된 권력가들의 결탁이었다. 이 권력가들은 정치적 경쟁을 장려하는 척했지만 그것은 완전히 연출된 것에 불과했다. 이탈리아에서는 몇몇 정치인들이 권력을 독점했고, 이 과두정에 의해 반대파 중에서 회유 가능하다고 판단되는 사람들에 대한 조직적인 호선(互選)이 이루어졌다. 이렇게 선출된 사람들은 물론 동일한 협잡을 통해서 견고하게 자리잡은 정치시스템 속으로 동화되어 들어갔는데, 이러한 코미디는 이탈리아 말로 '정치적 타협능력'(trasformismo)이라고 불렸다. 한편 스페인과 포르투갈에서도 권력층은 정해진 순서와 윤번제를 마음껏 누렸다. 이것은 겉모습만 대충 꾸며낸 두 개의 정당이 완전한 공조하에 번갈아 정권을 잡는 정치적 장치로서, 이들은 갖은 수단을 써서 선거의 결과가 밀실에서 미리 약정된 교대 순서에 일치하도록 만들었다. 어떤 방법이라도 상관없었다. 표를 매수하고, 투표함에 부정표를 무더기로 투입했으며, 개표과정에서 표를 바꿔쳤다. 해당 선거구를 장악한 거물의 독점적 권력을 위협할 우려가 있는 고분고분하지 않은 입후보자를 협박하거나 암살하는 방법이 동원되기도 했음은 말할 것도 없다.

이러한 책략은 라틴 아메리카에서 더 쉽게 이용되었는

데, 그 중 몇몇 경우에는 남성에게만 선거권이 부여된 '보통'선거가 도입된 이후에 등장했다. 이때 실시되던 보통선거에서 사실상 농촌인구의 대다수인 문맹자는 배제되었다. 또한 빈곤과 무지가 만연한 국가들에서 실시된 보통선거는 온갖 기만적인 수단이 동원될 여지를 제공했다. 헝가리, 그리스, 발칸반도의 국가들에서도 사정은 마찬가지였다. 다만 이들 국가에서는 행정부와 군대가 중심역할을 맡고 있었다는 점에 특징이 있다. 이러한 특징은 정치적 자유주의를 독일식으로 모방한 결과이기도 했는데, 다만 독일의 상황과는 다음과 같은 점에서 중요한 차이가 있었다. 이들 국가에서 행정부와 군대가 강력한 위상을 차지할 수 있었던 것은 정부수반이자 행정권을 쥐고 있던 황제, 그리고 군대의 참모총장이 1918년까지 헤게모니를 장악하고 있었다는 좀더 본질적인 정황과 관련되어 있다는 것이다. 그러므로 여기서 한 가지 역설적인 사실을 엿볼 수 있다. 즉 독일제국 사회는 귀족의 지배에서 벗어나지 못한 채 여전히 귀족정에 머물러 있었으나, 동시에 산업계의 거물들이 상당한 영향력을 발휘했다는 점에서는 근대적인 면모를 지녔다고 할 수 있다. 더구나 독일의 선거는 공정하게 치러졌고, 정당들은 상당한 힘을 갖추고 있었다. 특히 사회민주당은 강력하기는 했어도 결국 결정적인 영향력을 행사하지는 못했다. 국민은 사회민주당이 열등한 신분층을 대변함에도 불구하고 충분히 대우받고 있다고 생각했으며, 정당 지도자들도 협력적 태도를 보이기만 하면 의사표현을 보장받았다.

주권이 국민에게 있는 듯이 보이지만 허구에 불과할 뿐 실제로는 억압통치였던 이러한 정치체제들은 민주주의의 이상을 크게 손상시켰다. 지중해 연안과 발칸반도에 자리잡은 유럽 국가들에서 이와 같은 허구적 정치는 국민의 의사를 묻는다는 명분하에 선거를 코미디처럼 연출하는 일을 정당화했고, 이러한 선거로 얻어진 여론이란 물론 미리 점칠 수 있는 것이었다. 또한 이러한 정치형태는 중부 유럽의 다른 국가들에서는 말할 것도 없이 독일에서조차 자유주의적 위장술과는 다른 정치유형을 기대하게끔 만들었다. 이런 정세를 틈타 1918년 베를린과 헝가리에서 공산주의자들이 폭동을 일으켰지만 곧 유혈진압되고 말았다. 민주주의체제의 시민권이 이렇게 우롱당하고 신용을 잃자, 뒤이어 반작용이 나타났다. 극단적인 민족주의 운동들이 고개를 든 것이다. 이들 극우민족주의 운동이 도달한 지점이 바로 이탈리아의 파시즘, 독일의 국가사회주의이다. 그 밖에 스페인, 포르투갈, 헝가리, 루마니아, 그리고 발트해 연안 국가들에서도 이들과 유사한 정치형태가 등장했다.

새롭게 등장한 이 극우정치 유형들은 이탈리아, 스페인,

포르투갈에서 이미 정당성을 잃고 있던 의사(擬似)자유주의 체제를 완전히 무너뜨렸으며, 독일 바이마르 공화국과 오스트리아 최초의 공화국이 안정적으로 성장하는 것을 가로막았다. 비민주적이면서 동시에 반혁명적인 반동에서 탄생한 이들 전대미문의 독재체제가 자리잡게 되는 메커니즘은 다양했다. 사회주의로부터 변절한 무솔리니는 쿠데타를 일으켰고, 이어서 국왕으로부터 합법적인 승인을 얻어냈다. 그러기 위해 그는 이웃의 강대국들이 '프롤레타리아 국가'인 이탈리아를 모욕했다는 반자본주의적 표현을 구사했다. 1년 후인 1923년, 스페인의 알폰소 13세는 프리모 데 리베라(Primo de Rivera) 장군을 '천명을 받은 인물'의 위치로 승격시켰다. 그는 조국을 무정부적 혼란상태와 경제적 침체로부터 구해낼 책임을 맡아 1930년까지 상당히 관용적인 독재정치를 폈다. 1926년 폴란드에서는 역시 사회주의에서 변절한 피우수츠키(Pilsudski) 원수가 조국의 구원자로 등장했다. 그는 무솔리니식 포퓰리스트(populiste) 정권을 수립하고는 곧이어 권위주의적이고 반동적인 방향으로 선회했다. 스페인에서는 프리모 데 리베라의 정치적 시도가 실패로 끝나고, 1931년 공화국이 선포되었다. 이 공화국은 곧 바이마르 공화국과 유사한 혼란 속으로 빠져들었다. 1932년 오스트리아와 포르투갈 국민들은 각각 돌푸스(Dollfuss)와 살라자르

(Salazar)의 신중한 권위주의체제를 받아들였다. 1929년에 닥친 경제적 위기의 연장선에서 그들의 권위주의적 통치는 국민 상당수에게 안도감을 주기까지 했다. 마침내 1933년 1월, 돌발 사태가 일어났다. 아돌프 히틀러가 선거라는 합법적 과정을 거쳐 수상에 취임한 것이다.

1936~1939년 스페인에서는 내전에 이어 프랑코 장군이 총통에 취임했고, 발칸반도와 발트해 연안국가들에서는 각국의 특수성이 더해져서 상황은 다양하게 전개되었다. 그러나 대부분의 경우 한 가지 공통된 요소를 보여주고 있다. 거의 모든 상황이 당시 국민들이 느끼고 있던 심리적 좌절에 바탕을 두고 있었던 것이다. 국민들이 느끼는 실망감이란, 정당이나 파벌들이 겉으로 내세운 주장과는 정반대로 민주주의가 국민으로부터 주권을 박탈하는 수단에 불과했다는 생각에서 비롯된 것이었다. 더 정확히 말하자면, 이렇게 욕구불만을 지닌 국민은 주로 중산층과 1차대전(1914~1918)에 참전한 사람들이었다. 이들은 자신들이 여러 가지 방식으로 속아왔다고 느끼고 있었다. 첫째, 고위 정치 엘리트들이 정치를 독점하였으며, 둘째, 막강한 노동자 조직들이 프티 부르주아지로부터 발언기회를 빼앗았고, 셋째, 경기침체의 와중에 프롤레타리아의 지위 향상이 사회의 쇠락을 초래하여 이들을 기만했던 것이다. 중산층에 속한 사람들은 자

기들이 따돌림을 당해 주변부로 밀려나고 있다는 생각을 하였다. 그들은 스스로 세계주의적 음모의 희생자라고 여겼다. 민족적 정체성을 와해시키려는 세계주의적 음모의 주동자로는 유태인이나 혹은 진보적 지식인, 프리메이슨 단원, 무신론자, 정교분리 추종자, 국제공산주의와 연합한 무국적 자본가 등이 지목받았다.

그들이 보기에는 위에 열거한 자들이야말로 모두 국민의 진정한 의사표현을 억누르고 있는 자들이었다. 선량한 시민대중은 형제애와 공동체 정신으로 뭉친 거대한 약동 속에 결집하기를 열망하고 있는데, 이들의 당파가 국민의 의사를 분열시킨다는 것이었다. 이는 결국 일종의 국민적 뿌리가 존재하며, 이 정신적 밑바탕의 본질은 나라와 이념에 따라 다르다고 할지라도 모든 사람들은 이를 중심으로 뭉쳐야만 한다는, 그렇지 않으면 공동체로부터 배제될 수밖에 없다는 사고로 연결되었다. 이러한 정신적 뿌리는 독일과 일본에서는 민족에 새겨져 있고, 이탈리아에서는 역사, 즉 로마의 역사에 자리잡고 있다. 또한 스페인은 가톨릭 신앙을 자신의 근간으로 삼았고, 그 뒤 크로아티아와 슬로바키아 역시 자신들의 뿌리를 가톨릭교에서 발견했다. 세르비아인들은 동방정교회와 키릴 문자에 자신들의 뿌리가 새겨져 있다고 믿었고, 그리하여 이들은 유고슬라비아를 자신들에게 예속시켰다. 라틴 아메리카에서는, 특히 게툴리오 바르가스(Getùlio Vargas) 집권기의 브라질, 후안 페론(Juan Peron)의 아르헨티나가 그랬듯이 단순히 하층민적인 정체성을 그럴듯하게 승화시킨 대중적 본질을 자신들의 정신적 뿌리로 내세우는 경우도 있었다.

1945년의 민주화 물결

1918년에는 정당성을 얻은 것 같았던 다원적 민주주의는 이렇게 해서 1939년에 이르러 힘을 상실하고 말았다. 서로 원수지간인 공산주의와 파시즘은 국제적으로 세력을 확장해나갔고, 이러한 두 적수를 새로운 경쟁자로 맞이한 다원적 민주주의는 이제 더 이상 세계의 미래를 제시해주지 못했다. 이와 같은 상황이었기 때문에 1945년 독일의 패망은 단순히 연합군측의 승리라는 의미에 그치지 않았다. 그것은 그때까지 십수년간에 걸쳐 재검토되어온 민주주의의 이상의 부활을 의미했던 것이다. 독일의 점령에서 해방된 서구 국가들은 이를 계기로 다시금 자신들의 민주주의를 복구할 수 있었으며, 동유럽 국가들 역시 얄타회담에서 신탁통치가 결정되기는 했지만 1948년까지 거의 완전한 선거의 자유를 누렸다. 그 중에는 자국의 역사상 최초로 자유선거를 맛본 나라도 있었다. 한편 라틴 아메리카에도 예외 없이 자유의 물결이 밀려들었다. 브라질에서는 경선요구를 받아들인 인민주의자 바르가스(Vargas)가 두트라(Dutra) 장군과 경합한 끝에 정당한 국민의 뜻에 따라 다시 정권을 잡았다. 아르헨티나에서는 파시즘에 가까웠던 군부통치가 몰락했고, 그로부터 얼마 후 페론 대령은 국민투표를 통해 국가지도자로서 신임을 받았다. 베네수엘라에서는 일단의 군인들이 나서서 다른 군인들이 장악하고 있던 정권을 뒤엎고 민간인 로물로 베탕코우르트(Romulo Betancourt)에게 권력을 이양했다. 또한 영국의 식민지였다가 해방되었거나 해방을 준비하고 있던 인도, 아프리카, 서인도 제도에서도 영국이 심어놓은 의회제도가 시행되었다. 미국은 프랑스령 인도차이나와 네덜란드령 서인도제도에서 식민통치가 복구되는 것을 저지했다. 그렇지만 미국인들은 자기 나라가 이곳에서 민주주의가 아닌 새로운 독재정권들을 위해 일하게 되리라고는 생각하지 못하고 있었다.

그러나 이탈리아, 독일, 오스트리아, 일본은 민주화를 착실히 진전시켜 나갔다. 이들 국가의 민주화는 1945년 이후의 세대가 이룩한 매우 중요하고도 지속적인 성과로서, 전후(戰後)의 가장 중요한 정치적 사건이라고 할 정도였다. 이들 국가는 사실상 그때까지의 경제적 발전상태라든가(특히 독일의 경우 놀랄 만한 경제수준에 도달해 있었다) 문화적 우수성에도 불구하고, 안정된 민주주의를 확고히 실천해본 적이 없었다. 독일, 오스트리아, 이탈리아는 사회적으로 이웃 국가들과 인접해 있었고, 일본 역시 일찍 서구화의 길로 나섰던 경험이 있었으나 민주주의를 키우지는 못했던 것이다. 비관론자들이 보기에 민주주의란 이들 나라의 풍토에는 맞지 않는 것 같았다. 그런데 1945~1950년의 불과 수년간에 이러한 편견은 사라졌고, 안정된 민주주의 정치가 이들 나라에서 시작되었다. 물론 그 후 이들 나라의 민주주의는 프랑스, 영국, 그리고 서유럽의 작은 나라들에서처럼 사회 전반에 걸쳐 견고하게 자리잡았다. 이탈리아는 무솔리니가 더럽혀 놓은 왕정을 1944~1945년에 걸쳐 투표를 통해 청산함으로써 민주주의를 온전히 회복할 수 있었다. 오스트리아는 다시금 공화국이라는 이름으로 1945년 4월 민주주의를 부활시켰다. 당시 패전국 일본은 맥아더 장군 휘하의 점령군 통치를 받아들였다. 일본을 점령통치하던 초기에 맥아더는 전통적인 지배세력을 견제하기 위해 이 나라에서 오랫동안 박해받아온 좌파정당들을 지원했다. 독일은 1948년 이후 민주적 제도와 이념을 정립하였고, 처음에는 생소하게 보이던 이 제도와 이념을 발판으로 곧 연방제의 새로운 시민권을 창출해냈다.

그러나 1945년 이후의 민주화 과정이 이 정도의 결과밖에 낳지 못했다는 사실이 문제가 된다는 점은 인정하자. 민주화가 더 이상 확산되지 못한 주요 원인으로는 두 가지를 들 수 있다. 하나는 스탈린이 민주주의라는 이름으로 대항 체제를 확산시킨 것이다. 여기서는 국민이 단지 투표용지만 가지고서도 통치자들을 몰아낼 권리를 갖는다는 개념은 완전히 외면당했다. 스탈린과 그 후계자들에게 문제는 다당제를 용인하느냐 하지 않느냐에 있는 것이 아니었다. 결국 그들이 의도하는 것은 변덕스러운 다수가 빚어내는 정치적 불확실성을 벗어난 믿을 만한 체제를 갖춘 나라들을 소비에트 연방의 보호대 안으로 끌어안는 것이었기 때문이다. 핀란드의 경우는 이러한 사실을 역으로 보여준다. 핀란드는 러시아의 의사에 완전히 순종함으로써 오히려 자신의 자유주의 체제를 보존했던 것이다. 또 다른 이유로는, 일본과 인도를 제외하면 1945년 이후 생겨난 유럽 지역 밖의 민주주의체제가 동서냉전의 영향을 받아 미처 충분히 무르익지 못한 채로 불안정성을 더욱 심화시키고 있었다는 점을 들 수 있다.

라틴 아메리카의 몇몇 나라는 결국 선거를 통해 독재자를 선출하고 말았다. 페론이나 1951년 재선된 바르가스가 그러한 경우이다. 한편 다른 나라들은 시기상조였음에도 불구하고 개혁을 요구하는 선동에 말려들어 갔고, 그 결과 마침내 군부 쿠데타가 터지게 되었다. 게다가 동서의 대립을 틈타 세계 도처에서 혁명에 대한 희망이 고개를 쳐들었고, 이러한 혁명의 위협은 그 반동으로 체제전복을 막으려는 독재의 출현을 정당화했다. 독재체제는 허약한 민주주의보다 더욱 확실하게 발전을 보장한다고 여겨지기도 했다. 이와 같은 상황에서 1958~1962년에 결정적인 전기가 찾아왔다. 피델 카스트로가 권력을 장악하고 뒤이어 공산주의로 선회한 것이다. 그리하여 페루처럼 반동적인 성향이거나 쿠바처럼 진보적인 성향의 강성(强性) 체제들이 표준형이 되었다.

라틴 아메리카 국가들의 민주화

1960년 이후로 우파 혹은 좌파 권위주의체제에 눌려 민주주의가 후퇴했던 라틴 아메리카는 그로부터 15년 후 다시금 민주주의가 힘을 회복하는 중심무대가 되었다. 라틴 아메리카인들은 세계 어느 지역보다 서구의 정치모델에 민감하게 반응해왔다. 그래서 자신들이 처한 상황에 따라 그러한 정치모델에 대해 어떤 때는 거부감을 갖고, 또 어떤 때는 환영했던 것이다. 게다가 멕시코인들이 늘 하는 말처럼 미국과는 가깝고 신(神)과는 너무 먼 탓에 라틴 아메리카인들은 워싱턴 정부의 정책 변화와 그에 따른 여론의 움직임까지도 자진해서든 마지못해서든 간에 그대로 되풀이하는 모습을 보여주곤 했다.

이것이 1979년에서 1986년에 걸쳐 이루어진, 라틴 민주화의 시대라고 이름붙일 만한 세번째 민주화 물결의 배경이라고 할 수 있다. 이 시기에 라틴 아메리카에서 일어난 민주화 물결은 다음의 두 가지 측면에서 설명된다. 하나는 라틴 아메리카의 지식인 사회가 혁명적 유토피아에 대해 품고 있던 환상이 이미 깨지고 있었으며, 이와 함께 군부통치가 지녔던 상대적 매력이 대다수 국민들 사이에서 힘을 잃어갔다는 점이다. 최초의 변화는 카스트로의 독재정치가 경제면에서 실패함과 아울러 점점 더 강압적으로 된 데에서 비롯된다. 또한 1971~1973년에 칠레에서 사회주의로의 평화적 이행을 추진하던 살바도르 아옌데(Salvador Allende)의 시도가 끝내 실패로 돌아갔다는 점과, 1967년 이후 볼리비아에서 체 게바라(Che Guevara)의 죽음이 상징하듯이 게릴라 조직이 붕괴했다는 점을 들 수 있다. 그 결과 대학생들과 좌파 지도자들이 다시금 전향해왔다. 이 좌파 지도자들은 예전에 브라질, 아르헨티나, 우루과이, 칠레에서 군부정권이 들어선 뒤에 망명을 했던 사람들이었다. 자신들이 '부르주아적'이라고 경멸해온 북아메리카나 유럽의 민주주의 사회를 목격

하면서, 더구나 그때까지 자신들이—이념과 과학을 혼동하면서—무시해왔던 지식을 요구하는 교수 및 교사 자리에서 생계수단을 확보하지 않으면 안되었기 때문에, 이들은 개량주의적 실용주의의 장점을 발견했고, 급진적인 사회변혁이라는 자기네 계획의 허구성을 깨닫게 되었다.

다른 하나는 라틴 아메리카에서 군부통치의 이미지가 악화되면서 등장한 주기적인 현상으로 설명할 수 있다. 이것은 일종의 필연적인 주기설인데, 이에 따르면 민주주의체제하에서 권위의 결여로 특징지어지는 방만한 사건들에 시달린 국민들은 질서를 재정비하기 위해 군대에 권력을 일임하게 되고, 그런 다음에는 마찬가지로 군부의 강압적인 방식에 지쳐서 다시 민주주의를 열망한다는 것이다. 그리하여 마치 시계추의 움직임처럼 두 정치체제가 어쩔 수 없이 번갈아 등장하게 된다는 것이 이 필연적인 주기설의 내용이다. 그 외에 좀더 객관적인 요인으로는 1974년에 밀어닥친 제1차 오일쇼크의 파장을 들 수 있다. 그 후에 초래된 인플레이션과 대외적자의 누적으로 라틴 아메리카의 경제는 퇴보했고, 1982년에 이르러서는 엄청난 규모의 외채를 안게 되었다. 그때까지의 믿음이 무너져버린 것이다. 그리하여 군부가 통치하고 있던 나라에서는 군인출신 통치자들이 국가 파탄의 책임을 뒤집어썼다. 국민은 정치군인들이 그들에 앞서 통치했던 민주적 지도자들보다 훨씬 무능하다고 평가했다. 한편 정치군인들은 이와 같은 혼란기에 자신들이 국가를 계속 이끌어가는 것은 현명하지 못하다는 결론을 내렸다.

그러나 이것은 전체 진행과정의 일면일 뿐, 그 외에도 미국의 태도 변화라는 측면을 고려하지 않을 수 없다. 현실정치(Realpolitik)에 충실했던 미국 대통령 닉슨과 포드는 라틴 아메리카의 독재정권들에 대해서는 아주 심한 경우만 아니면 여전히 계산된 지원을 했다. 하지만 1977년 지미 카터가 대통령으로 선출되자 이전의 전략은 취소되었다. 도덕성이 중시되면서 '미국 민주주의는 자유의 등불로서 세계 어느 곳에서든 인간의 권리가 위협받는다면, 특히 바로 가까운 이웃에서 그러한 일이 벌어진다면 인간의 권리를 최우선으로 수호할 의무가 있다'는 생각이 설득력을 얻었다. 이런 원칙을 내세운 미국의 새 대통령은 라틴 아메리카에서 '제3의 세력', 말하자면 혁명운동 세력과 군부 혹은 민간 독재정권이라는 양대 세력에 의해 밀려나 있던 중도파를 지원했다. 설상가상으로 라틴 아메리카의 독재정권들은 최악의 폭정을 자행하여 워싱턴 당국의 반감을 샀다. 그런 반면 기독교 민주주의나 사회민주주의의 지도자들이 이제 미국에 대해 협조적인 태도로 돌아섰는데, 이들 가운데 상당수는 예전에 아옌데에 대해, 심지어 카스트로주의에 대해서까지 공감을 표했던 사람들이었다.

이처럼 유리한 정황이 최초의 결실을 맺은 것은 1979년 과 1980년에 이르러서이다. 이 두 해에 걸쳐 니카라과에서 는 폭군 소모사(Somoza) 정권이 몰락하고 산디니스타 정부 가 들어섰으며, 엘살바도르에서는 민주주의를 지지하는 군 사폭동이 일어났고, 이어서 자메이카에서는 과격한 진보주 의자 마이클 맨리(Michael Manley)가 선거에서 패배했다. 불 행하게도 이러한 사건들은 엘살바도르에서 그랬던 것처럼 니카라과에서도 장기적인 효력을 가져오지는 못했다. 성격 이 상반된 두 내전이 발발했고 그리하여 미국은 산디니스타 좌파 정부의 적이면서, 동시에 엘살바도르 우파 게릴라 부 대 즉 콘트라(Contra) 게릴라의 동맹자라는 의혹을 받는 상 황에 놓이게 되었다. 더구나 중앙 아메리카와 카리브해 연 안 지역에 밀려온 변화가 설령 더 다행스러운 방향으로 진 전되었다고 하더라도, 단지 그 점만으로 라틴 아메리카의 넓은 지역을 차지하는 국가들의 통치자에게 이제 권위주의 적 통치방식이 통용되는 시대는 지났다는 사실을 설득시킬 수는 없었다. 라틴 아메리카 국가들은 사실 미국의 정책이 바뀌기 전부터 이미 실제적인 변화를 보여주고 있었는데, 그것은 1974년 포르투갈과 그리스에서 독재정권이 붕괴되 고, 특히 이듬해 스페인이 민주화의 길로 들어선 사건에 영향을 받은 결과였다.

포르투갈과 그리스, 스페인의 민주화는 그 자체가 안정된 출발을 보여주었고 또한 라틴 아메리카 국가들의 모범이 되기도 했지만, 그렇다고 험난한 과정을 겪지 않았던 것은 아니다. 포르투갈에서는 살라자르와 그의 뒤를 이은 카에타노(Caetano)의 민간 독재정부가 이미 40여 년간이나 지속되던 상황이었다. 그런데 뜻밖에도 포르투갈의 이 독재정부는 아프리카의 세 지역에서 수행된 소모적인 식민지 전쟁에 지친 진보적 정치군인들의 군사 쿠데타로 무너지고 말았다. 이와는 반대로 그리스에서는 1967년에야 '육군대령들의 통치'가 수립되었다. 그러나 그리스 군부는 키프로스에서 비밀리에 쿠데타를 사주했고, 이 사건으로 빚어진 스캔들에서 군사정권 지도자들이 교묘히 빠져나가자 신용을 잃게 되었다. 그리하여 그들은 아무런 폭력사태 없이 조용하게 물러났다(그리스 군부는 키프로스의 당시 대통령이던 마카리오스[Makarios] 대주교의 대통령직 해임을 부추겼고, 터키는 이를 구실로 삼아 군대를 출동시켜 키프로스 섬의 3분의 1을 점령했다). 그리스는 이미 정치군인들이 콘스탄티노스 국왕을 폐위시켜 성가신 일을 어느 정도 정리한 상황이었다. 그리하여 보수주의자인 노정치가 카라만리스(Caramanlis)가 특히 프랑스의 협력을 얻어 정권을 손쉽게 잡을 수 있었다.

　반면 스페인의 민주화는 복잡한 성격을 띤다. 스페인 민주화의 실천과정은 본받을 만하지는 못해도 하나의 사례로 삼기에는 충분하다. 스페인 민주화의 서곡은 1975년 11월, 프랑코 장군의 죽음이었다. 후안 카를로스(Juan Carlos) 국왕은 독재의 정치제도가 고스란히 남아 있는 상태로 프랑코의 자리를 이어받았다. 한편 스페인 국민들은 정치적 변화에 대한 열망과 급격한 변화에 대한 두려움 사이에서 머뭇거리고 있었다. 사실 그들은 자신들이 겪었던 내전과 내전을 초래했던 혼란을 기억하고 있었으며, 무엇보다도 최근에 이룩한 번영이 계속 유지되기를 원했다. 그들은 이제야 겨우 이웃 나라들처럼 풍족한 삶을 누릴 수 있게 되었던 것이다. 망명중이던 반대세력은 노년층말고는 지지자를 끌어모으지 못했고, 국내에 있던 반대세력은 공산주의자들이 주축이 되어 이끌고 있었다. 공산주의자들은 지하 노동조합의 지도자들이었는데, 이들에 비해 사회주의자들은 미처 조직을 갖추지 못했고, 기독교 민주주의자들은 사분오열되어 소리만 시끄러웠다.

　이러한 배경 위에서 공산주의파와 사회주의파라는 두 세력이 제휴하자 반쯤은 권위주의적인 군주정이 들어설 빌미가 마련되었다는 가설이 더욱 그럴듯해졌다. 이 군주정은 온건한 정파들에게는 길을 열어놓되 공산당은 배제할 것이며,

바스크와 카탈루냐의 자치권 요구를 차단하면서 단일국가를 유지해나가게 될 것이었다. 군부의 입장에서 볼 때는 뜻밖의 걸림돌을 만난 셈이었다. 당시 군대는 군사 쿠데타를 일으킬지도 모른다는 의심을 받고 있었다. 그러나 예기치 못한 일이 일어났다. 더구나 사람들은 당장에는 그 일을 알아차리지도 못했다. 1976년 7월, 국왕은 프랑코 총통 때의 수상이었던 아리아스 나바로(Arias Navarro)를 아돌포 수아레스(Adolfo Suarez)로 교체했다. 이는 나쁜 징조처럼 보였다. 왜냐하면 수아레스는 독재체제가 길러낸 새끼 늑대로서 전임자보다 더 걱정스러운 인물이라는 평판이 있었기 때문이다. 그러나 국영 라디오·텔레비전 방송사의 사장을 지낸 이 인물이 이념에는 얽매이지 않으며, 여전히 요직을 차지하고 있는 체제 수호자들의 불안감 따위에는 관심조차 없으리라고는 아무도 짐작하지 못했다. 또한 그가 사실은 철저한 실용주의의 대표자라는 것 역시 아무도 몰랐다. 이런 철저한 실용주의는 프랑코가 집권 말기에 이르러 자신의 본래 세력기반이 모두 소진되자 불러들인 지도층 인사들의 공통된 특징이었다. 또한 그는 행정부의 수반으로서, 새로 등장한 이 인물망을 조직하는 역할을 했는데, 이들은 자신들의 성향을 드러내지 않으면서도 별다른 동요 없이 권력체계 내에서 각자 맡은 역할을 잘 수행하고 있었다.

수아레스와 그 수하의 새로운 인사들은 속내를 보이지 않으면서 차근차근 일을 추진해나갔다. 이들은 확실한 출신 배경을 가지고 있었으므로 오랜 독재체제가 구축해놓은 위계조직과 군대에 안전을 보장해 주었다. 바로 이와 같은 점을 바탕으로 새로운 통치집단은 자신들이 두려워하던 세력에 대해서는 변화에 대한 치명적 반작용을 불러일으키지 않으면서도 반대파쪽으로 접근해갈 수 있었다. 상황에 대한 올바른 판단을 통해, 혹은 자신들이 밟아온 경력에서 힘을 얻어 민주주의로 방향을 전환한 '수아레스 일당'은 그 결과 성공의 카드를 쥐게 된다. 그것은 정규적인 과정을 통해 민주주의를 실현하려 했다면 가질 수 없었을 기회였다. 이들이 손에 넣은 성공의 카드란 달갑지 않은 저항들을 무력화시키는 한편, 국민의 불안감을 달래서 민주주의에 대한 열망을 자제하도록 만들었다는 점이었다. 이런 방식을 통해 수아레스파는 의회(코르테스[Cortès])의 의원들을 장악했다. 의회 의원들은 1976년 가을, 정치개혁법을 채택함으로써 자신들이 구현하는 체제에 몰락의 계기를 마련했다. 이 정치개혁법은 수아레스가 주장하는 바로는 여전히 프랑코로부터 물려받은 합법성의 틀 안에 있었으나, 사실은 그 토대가 되는 합법성의 틀을 다른 것으로 대체하는 일까지 허용할 만큼 아주 유연한 것이었다. 이 첫번째 시도를 성공시킨 이듬해 봄,

정부는 공산당의 합법화라는 좀더 어려운 작업에 착수했다. 그것은 위험을 무릅쓴 기습공격이었으나, 다음 일을 순조롭게 진행시켜 나가는 기반이 되었다. 역설적인 일이지만, 과도기의 민주적 진정성이 인정받으려면 공산주의자들이 수십 년간 당해온 배척에서 벗어나 정치 일선에 합법적으로 참여할 수 있어야 하는 것이다. 지금까지 공산당은 반(反)프랑코 투쟁의 선봉에 서왔지만, 곧 새로운 군주정이 민주주의를 표방하며 내건 주장들을 수락함으로써 정치에 합법적으로 참여하고자 하는 희망을 표명했다. 공산주의자들이 민주주의로의 점진적 이행 계획에 가담하자, 결국 사회주의자들 역시 그것을 수용하지 않을 수 없었다. 사회주의자들은 1977년 실시 예정이던 선거 보이콧을 단념한 것이다. 그리하여 1977년 4월 공산당의 합법화가 이루어졌다. 군부는 이를 아주 불쾌하게 여겼으나 이를 뒤집으려는 시도는 하지 않았다. 스페인의 민주화를 성공시킨 두 가지 결정적 사건 중의 하나가 바로 이 해에 이루어진 입법이다. 다른 하나는 카탈루냐와 바스크의 자치권을 부활시킨 일로서, 이것 역시 1977년 기습적으로 단행되었다.

이렇게 해서 국왕과 수아레스가 구사한 전략은 일시적이기는 해도 일단 성공했다. 이제 남은 일은 이미 이루어낸 성과에 합헌적인 틀을 마련함으로써 확고한 정당성을 부여하는 일이었다. 이 목표는 1978년 말, 진정한 민주주의 헌장이 공포되면서 달성되었다. 이 헌장은 1939년 붕괴한 공화국의 재건만을 끝까지 주장하던 반대파와의 협상에 의해 거의 연방제적인 성격을 띠었다. 이번에는 헌법제정에서까지 협상을 통해 타협을 본 것이다. 그러나 헌법을 제정했다고 해서 앞으로 스페인이 민주주의를 향해 순탄하게 나갈 수 있으리라고 확신하기에는 아직 일렀다. 1982년 선거에서 사회당이 승리하고, 이를 통해 좌파정권으로의 교체도 가능하다는 것을 입증해보였을 때 비로소 스페인 민주주의의 장래는 탄탄하게 보장되었던 것이다. 그러나 스페인의 민주화가 한때 반대세력과의 협조를 토대로 시작되었다고는 해도, 그 진행방식은 처음 2년 동안은 권력보유자들로부터 '양여받은' 민주화의 형태를 띠었다. 스페인의 이러한 민주화 과정은 라틴아메리카 곳곳에 포진한 아주 예민한 군부정권들이 보기에는 놀라운 것이었다. 마침 스페인과 비슷한 상황에 놓여 있던 이들 역시 정치적 활로를 모색하고 있었다. 이들이 찾고 있던 해결책도 민주화이기는 했지만, 그렇다고 해서 자신들의 무덤을 파는 꼴이 되어서는 안되었다. 민주주의가 정착할 경우 당연히 사라져야만 할 독재체제 인사인 자신들로서는 민주화란 곧 자살행위가 될 수도 있었던 것이다. 더구나 이들의 정치적 반대세력인 라틴 아메리카의 민주주의자들 역시 스페인 민주화의 평화적 성격에 고무되었고, 말로 표현하지는 않았으나 신중을 기할 필요성을 인정하게 되었다. 그러나 문제는 과연 스페인의 방식이 아주 다른 토양 위에서도 적용될 수 있겠는가 하는 점이었다.

1976년 몬토네로스(Montoneros) 게릴라 집단의 테러행위를 진압하기 위해 수립된 아르헨티나 군사정부는 스페인을 본받을 충분한 시간을 갖지 못했으며 그럴 능력도 없었다. 1982년 아르헨티나 군사정부는 다시 강대국으로 재기할 발판을 마련하기 위해 포클랜드 전쟁을 일으켰으나 결국 재앙만을 불러들인 셈이 되었다. 이듬해 자유선거를 실시하지 않으면 안되게 되었던 것이다. 이 선거에서 급진당과 그 지도자 라울 알폰신(Raul Alfonsin)이 승리를 거두었고, 이어서 알폰신이 대통령에 취임했다. 그러나 스페인처럼 했더라면 얻을 수 있었을 보호막을 얻지 못한 알폰신은 아르헨티나인들에게 가장 시급한 문제이던 걷잡을 수 없는 인플레이션을 억제하지 못했으며, 과격파 정치군인들을 회유하는 데도 실패했다. 그리하여 마침내 명백한 실패에 봉착한 그는 자신의 권좌를 카를로스 메넴(Carlos Menem)에게 조기 이양할 수밖에 없었다. 겉으로 보기에는 성급한 페론주의자였던 메넴은 역설적인 임무를 떠맡았다. 말하자면 그는 자신보다 더 깨끗한 경력을 가진 민주주의자들이 진창 속에 몰아넣은 민주화를 곤경에서 구해내야만 했던 것이다. 그러나 그는 자신에게 쏟아지는 비관적인 예측을 뒤엎었다. 그는 스페인의 수아레스가 보여준 두 가지 원칙을 자신에게 유리하게 적용했다. 첫번째 원칙은 자신의 자유주의적 성향을 너무 일찍 드러내지 않음으로써, 후안 페론의 권위주의적 포퓰리즘에 대한 향수에 의지해서 얻은 자신의 수백만 지지자들을 자극하지 않는다는 것이었고, 두번째 원칙은 자신과 같은 순수한 민주주의자들이야말로 안정된 자유주의체제의 기초를 닦을 적임자라는 사실을 차후에 입증한다는 것이었다. 그는 이러한 시도에 성공했다. 입으로는 평등주의를 외치면서 실제로는 국가의 역할과 사회보장을 축소하는 극단적인 자유주의 정책을 실천한 것이다. 그의 자유주의 정책은 마가렛 대처(Margaret Thatcher)라도 인정할 수밖에 없을 만큼 강력한 것이었다. 그가 얻은 성과는 초기 수년간에는 실망스러운 것이었고 여기에 매넴 개인의 사생활문제도 덧붙여졌다. 그렇지만 그는 몇 번의 우여곡절을 거쳐 1993년 마침내 인플레이션을 결정적으로 진정시키는 데 성공했다. 어리둥절하던 아르헨티나 국민들은 별안간 국가에 대한 자부심을 지니게 되었고, 그리하여 1995년 메넴을 대통령으로 다시 선출했다.

우루과이는 훨씬 좋은 조건하에서 정치적 변화를 추진할 수 있었다. 1983~1984년, 우루과이의 정치군인들은 비록 자신들이 10년간 정권을 장악해왔으나 이러한 권력은 민주주의의 개념이 오래 전부터 뿌리깊게 자리잡은 이 나라에서는 일시적인 것일 뿐이라는 사실을 인식했다. 사실 우루과이에서는 이미 20세기 초부터 민주주의가 자리잡고 있었다. 유럽식 사회민주주의의 이념을 근간으로 일찍부터 이 나라 국민들에게 새겨진 민주주의 이념은 정파를 초월하여 모두에게 공유되고 있었고, 각 정파는 군사정권하에 있기는 했지만 잘 정비된 튼튼한 조직을 유지했다. 게다가 군부 역시 서구 국가들만큼이나 선명한 이 나라의 민주적 역사에 큰 자부심을 가지고 있었다. 군사정부는 자신들의 정치개입이 국가 전복의 위협에 대처하기 위한 잠정적 조치에 불과했음을 인정했다. 당시 군인들이 각 정당의 대표자들과 민정이양 절차에 대한 협정—해군클럽 협정—을 맺은 사정은 이와 같은 점들로 설명된다. 신중을 기한 장군들과 해군제독들은 망명을 떠났던 노동조합 간부들을 다시 불러들였고, 그들로 하여금 민주화를 위한 사회적 협상에 처음부터 참여하도록 했다. 인플레이션으로 인해 불과 몇 년 사이에 구매력의 절반을 상실한 봉급생활자들의 불만은 이러한 사회적 협상을 통해서만 무마될 수 있었던 것이다. 이렇게 하여 우루과이의 민주화 과정은 상호간의 타협의지를 밑바탕으로 삼아 합의에 의해 민주주의로 이행한 훌륭한 사례가 되었다.

이 나라의 민주화는 스페인처럼 일단 양여받은 뒤 나중에 정당성을 획득한 것은 아니었다.

인구 200만의 소국인 우루과이는 위에서 살펴본 바와 같은 민주화 작업을 수행하는 데 더없이 적합한 특성을 갖추고 있었으나, 브라질의 경우는 이와 전혀 다르다. 같은 시기에 브라질에서는 군부출신 대통령 피게이레두(Figueiredo)가 권력의 정점에 올라선 후 지도적인 입장에서 민주화 플랜을 세우고 있었다. 그의 민주화 구상은 스페인에서 국왕과 아돌포 수아레스가 사용했던 방법보다 더욱 강제적인 형태의 것이었다. 피게이레두 장군의 시도는 1984년 말 실시된 간접투표방식의 대통령 선거라는 암초에 부딪쳐 불행히도 좌초하고 말았다. 노회한 자유주의자 탕크레도 네베스(Tancredo Neves)가 군출신 입후보자 파울로 말루프(Paulo Maluf)에게 승리를 거두었으나, 군부편으로 기운 당시의 집권여당 국민유신동맹(ARENA)의 유력자들이 집단적으로 네베스에게 등을 돌렸고, 그 가운데는 네베스의 경쟁자인 사르네이(Sarney) 부통령도 가담하고 있었다. 적들에게 둘러싸인 네베스는 취임하기도 전에 사망했고, 그 자리를 부통령 사르네이가 계승했다. 고인이 된 네베스와 같은 카리스마를 전혀 갖추지 못한 사르네이는 아르헨티나의 경우와 마찬가지로 가장 시급한 문제였던 인플레이션을 진정시키는 일에서 무능함을 드러냈다. 기성 정치인들을 더이상 신뢰하지 않았던 브라질 국민들은 결국 텔레비전 화면에 멋지게 비친 젊은 지도자 페르난도 콜로르(Fernando Collor)에게 정권을 맡겼다. 현대 정치마케팅에 의해 불과 몇 달 사이에 만들어진 정치상품이었던 콜로르는 1989년 직접선거에서 인플레이션 극복과 부패 척결이라는 단호한 공약을 내걸고 당선되었다. 그런데 브라질의 위정자들은 그가 내건 이 두번째 약속을 용인하지 않았다. 대통령쪽에서 이에 대응하여 '의원 탄핵'을 시도하는 것은 거의 기대조차 할 수 없었다. 정부가 다시금 무기력 상태에 빠지자, 유권자들은 자신들이 민주주의에 대해 지녀온 뿌리깊은 이미지가 실제로 확인되는 것이 아닌가 하는 느낌을 받았다. 그 이미지란 말하자면 민주주의란 영원한 되풀이이며 끊임없는 재건이라는 오랜 선입견이다. 즉 민주주의 정치에서 유권자는 매번 투표가 있을 때마다 자신이 전번에는 실수했다고, 그리고 이번에는 이전과 정반대의 길을 택해야 한다고 생각하게 된다는 것이다. 실제로 이와 같은 선입견이 작용했기 때문에, 콜로르가 강제 해임된 후 대통령 직위의 공석기간을 거쳐 엄격하고 학구적인 페르난도 엔리케 카르도소(Fernando Henrique Cardoso)가 1993년 대통령 자리에 오르게 된 것이다. 민주주의를 언제나 열망하면서도 늘 다음 번 선거로 미루고 마는 브라질 국민의 성향을 새 대통령이 바꿀 수 있으리라고 장담할 만한 근거는 어디에도 없다.

남미에 이어 필리핀에서도 1986년부터 민주화의 기운이 싹텄다. 1898년까지 스페인의 식민지였던 필리핀은 아시아에서는 유일하게 국민 대다수가 가톨릭 교도이며, 라틴 아메리카와 유사점이 많은 나라이다. 그러나 필리핀의 변화과정은 라틴 아메리카 국가들의 민주화와 비교해서 다음과 같은 차이점을 보여준다. 즉 필리핀은 중앙 아메리카가 그러했듯이 미국의 의사에 큰 영향을 받고 있었다는 점이다. 사실 코라손 아키노가 독재자 마르코스보다 실제로 더 큰 지지를 받았는지는 결코 알 수 없다. 필리핀 가톨릭 교회의 지도하에 탱크에 용감히 맞섰던 '피플 파워'에 대한 기억이 이런 의심을 지워준다 하더라도 말이다. 중요한 것은 오히려 이런 방식으로 수립된 체제에서는 민주주의의 질에 문제가 생긴다는 데 있다. 필리핀의 정치권력은 맨먼저 토지소유자와 금융가들의 과두지배 방식으로 등장했으며, 마르코스는 이러한 체제를 공격했다. 이어서 가톨릭 교회와 연합한 과두정치와 중산층 정파 사이에 힘겨루기가 이어지다가 마침내 중산층 정파를 대표하는 인물인 신교도 라모스 장군이 가까스로 대통령에 선출되었다. 그러나 이것으로 민주주의가 확립되었다고는 누구도 말할 수 없다.

필리핀의 경우에 민주화라고 결론짓기에는 혼란스러운 점이 있다. 그렇다면 칠레는 어떠한가? 칠레에서는 1980년부터 아우구스토 피노체트(Augusto Pinochet) 장군이 입헌정치체제를 성립시켜놓고 있었다. 그러나 이러한 입헌체제는 겉으로만 민정이양 준비기간을 표방하고 있었을 뿐, 사실상의 목적은 보통선거라는 포장하에 피노체트 자신의 통치를 연장하는 것이었다. 그 결과 그는 선거에서 명백한 승리를 거둘 수 있었다. 그러나 피노체트 장군은 1988년 자신의 대통령 임기를 연장하기 위해 시행한 새 투표의 결과가 자신에게 불리하게 나오면서 몰락의 길로 들어섰다(임기연장에 대한 찬반투표에서 45%의 찬성표와 55%의 반대표가 나왔다). 그러나 그 결과의 효력은 꽤 시간이 지난 후에야 나타났다. 1990년에 들어와서 기독교 민주주의적 성향의 두 대통령 아일윈(Aylwin)과 프레이(Frei)가 연달아 등장하여 민주화 작업에 착수한 것이다. 칠레의 민주주의 이행과정은 스페인의 경우와 상당한 유사성을 보여주는데, 이는 두 가지 차원에서 설명할 수 있다. 첫째로 칠레인들은 정치보다 경제적인 면을 더 중요하게 생각하고 있었으며, 따라서 칠레인들이 정치에 대해 품고 있던 기대수준은 15년 전 스페인 국민들이 정치에 대해 갖고 있었던 것보다 오히려 더 낮았다는 사실을 주목할 필요가 있다. 이 나라에서 최근까지 독재정치가 고수되어 왔다는 사실은 줄곧 침체에 빠져 있는 다른 라틴 아메리카 국가와 비교할 때 칠레가 상대적으로 번영을 이룩할 수 있었던 이유로 작용했다. 분명히 칠레 국민은 지금의 경제적 결실을 위태롭게 할 생각은 전혀 없다. 그래서 그들은 몇 가지 사회적인 양보를 감수하면서도 군부정권 때의 경제정책을 대체로 고수할 것을 새로 등장한 민주적 지도자들에게 요구하고 있는 것이다. 둘째로 주목할 것은 양심적인 칠레 민주주의자들이 술회한 내용인데, 과거의 독재자가 계속해서 군대의 수뇌부에 머물러 있다는 사실이 장점도 된다는 것이다. 왜냐하면 과거 살바도르 아옌데 시절의 향수에 젖은 사람들의 무모한 요구를 거절하기 위해 그 독재자를 희생양으로 사용할 수 있었으며, 또한 옛 독재자가 여전히 건재하고 있다는 사실이 이 나라에 또 한번 발생했을지도 모를 군사 쿠데타를 막아주기도 했기 때문이다—피노체트 장군이라면 군사 쿠데타를 피하려 애썼을 것이다—. 실제 권력의 분할로 말미암아 칠레의 민주주의는 불완전한 상태에 머물고 있으나, 만데빌(Bernard de Mandeville, 1670-1733, 네덜란드 출신의 영국 의사, 풍자작가)의 우화* 처럼 비정상적인 상황에서 얻은 것도 있었을 것이다.

* 인간 사회를 닮은 꿀벌 사회의 이야기를 풍자한 우화로, 악덕도 잘 관리하면 현실적 행복에 도움이 될 수 있다는 내용—옮긴이.

공산주의 몰락 이후

1990년, 칠레가 불완전하게나마 민주주의쪽으로 선회함으로써 라틴 국가들의 민주화 작업은 일단락되었다. 독재로부터 벗어나는 방식에서 칠레는 스페인과는 또 다른 특이한 예를 보여주었다. 그로부터 6년이 지난 지금 라틴 아메리카에서는 민주주의가 정상적인 정치체제로 자리잡고 있다. 파라과이와 페루만이 예외인데, 파라과이의 정치적 변화는 논란의 여지가 있으며, 페루에서는 알베르토 후지모리(Alberto Fujimori) 대통령의 권위주의 통치가 '센데로 루미노소'* 좌익 게릴라가 저지른 범죄에 비춰 공정하게 분석되어야 한다.

그러나 분명한 사실은 같은 라틴 아메리카 민족인 쿠바와 멕시코에서는 다른 라틴 국가들에서 목격한 것과 같은 민주화 과정을 관찰할 수 없다는 것이다. 차라리 이들 두 나라는 단순한 정치체제의 변화로서의 민주화가 아닌, 구공산권이나 남아프리카공화국이 보여준 것과 같은 아주 복합적인 변모의 도정에 자리잡고 있다고 보아야 한다. 이러한 지적은 카스트로의 독재체제에도 그대로 적용된다. 중국의 자유주의적 경제개혁을 모방하고 있는 쿠바의 목적은 중국이 그러했듯이 이 방법을 통해서 자국의 정치체제를 온전히 유

---

* '빛나는 길'이라는 뜻의 페루 좌익 게릴라 단체—옮긴이.

지하려는 것이다. 반면 멕시코의 경우는 쿠바와 묶어 비교하는 것이 온당치 않을지도 모른다. 멕시코는 분명히 가난한 나라이기는 하지만 여러 면에서 서구적인 유형에 속하며, 또한 시장경제를 비교적 잘 유지하고 있기 때문이다. 그러나 이런 점을 인정한다고 하더라도 멕시코의 민주화가 당면한 딜레마는 공산주의체제에서 빠져나온 사회가 처한 상황과 많은 공통점을 지니고 있다. 그것은 유일정당 혹은 지배정당이 자신의 헤게모니를 포기하기가 어렵다는 공통점이다. 새로운 정치체제의 수립이란 일반적인 민주화 과정에서는 핵심을 이루는 사항이지만, 멕시코에서는 동유럽에서와 마찬가지로 그런 정치적 목표를 훨씬 뛰어넘는 격변의 한 요소일 뿐이다. 이 격변에서 가장 중요한 것이 그 경제적·사회적 측면 혹은 심지어 도덕적·문화적 측면이다.

멕시코에서와 마찬가지로 동유럽 국가들에서도 세 가지의 광범위한 개혁이 충분한 여유를 가지고 서로 보조를 맞추어 동시에 진행되어야 한다. 이 세 가지의 개혁은 상호 연관성을 잃으면 전체가 마비될 우려가 있기 때문이다. 첫째는 물론 정치적인 개혁이다. 둘째는 정도의 차이는 있지만 국가가 통제하던 계획경제를 진정한 시장경제로 변모시키는 일이다. 셋째는 사람들과 이들의 태도를 획기적으로 변화시키는 일이다. 이 세번째 개혁을 통해서만 시민의 민주적 참여를 촉진하고, 노동에 부여된 새로운 의미를 고양하며, 단기적인 구상을 벗어나 거시적 전망을 갖고 투자할 기업가 계층을 양성하는 일에서 동시에 성공을 거둘 수 있다. 이러한 개혁은 루터의 종교개혁과 비교할 수 있을 것이다. 종교적인 면을 제외한 여러 관점을 종합할 때 과거 종교개혁의 중심문제였고 또한 현재 동유럽의 개혁에서 관건이 되는 문제란 바로 사유재산의 정당화에 관한 것이기 때문이다. 두 경우 모두, 그때까지 자기의 재산이라는 것을 전혀 소유해본 적이 없거나 불완전한 방식으로만 소유해본 사람들이 사유재산을 지니게 됨으로써 새로운 사회계층으로 부상하였다. 17~18세기 영국에서 자신들의 소유재산을 안전하게 지키기 위해 대의정치체제를 수립했고 이어서 19세기까지 지배력을 행사했던 주체는 바로 이러한 신흥 유산자 계층이었다. 오늘날 러시아와 그 밖의 동구권 국가들에서는 집단 생산 도구들의 잔재를 독점하고 있는 옛 노멘클라투라(nomenklatura) 계급이 이와 비슷한 희망을 품고 있다. 이들은 당장 더 나은 방법이 없기 때문에 자신들을 마피아처럼 조직화함으로써 약한 공권력을 대신해서 스스로를 보호하고 있다. 그러나 이들이 그런 식의 위법적인 응급 해결책을 쓰고 있다고 해서 여전히 불안정한 자신들의 획득물을 법적으로 보장할 합법적 국가를 포기한 것은 아니다. 그들이 목적으로 삼는 국가란 민주적 제도를 갖춘 국가이며, 이 민주적 제도 덕분에 그들의 이익은 권위주의적 통치체제에서라면 발생할지도 모를 예기치 않은 변수를 벗어나 안전하게 지켜질 것이기 때문이다.

별로 달갑지 않은 이러한 분석은 국가에 따라 다소간의 차이는 있지만 분명 진실이다. 비세그라드(Visegrad) 그룹 국가들—체코공화국, 슬로바키아, 헝가리, 폴란드, 그리고 (준회원국) 슬로베니아, 크로아티아, 세르비아—은 경제면에서뿐만 아니라 정치적인 차원에서도 서유럽과 가까워지기 시작했다. 반면 구소련에서 분리된 국가들은 또 다른 난관, 즉 종족-종교 문제나 언어 문제와 민족주의에 봉착해 있다. 민족주의는 중부 유럽에 위치하는 국가들, 특히 구유고슬라비아와, 정도는 덜하지만 헝가리, 루마니아, 알바니아에서도 문제가 되고 있는데, 이들 나라는 과거 합스부르크 제국에 속해 있었거나 그와 가까웠던 나라들이다. 자주독립의 열정을 함축한 '민족주의'라는 용어는 여기서는 단지 편리함 때문에 선택된 말일 뿐이다. 사실 구소련이나 구유고슬라비아 연방이 산산조각나게 된 일차적 원인은 공산주의체제일 때부터 국가가 정통성을 상실한 데 있다. 공산주의 국가에서 유일정당, 점점 더 인위성을 띠어온 당의 이념, 당원 그리고 국가는 나름의 위상을 갖지 못하고 서로 뒤섞인 상태였고,

그 결과 1990년의 파산에서 모두 일거에 폐기될 수밖에 없었다. 다행히도 공통된 정치적 정체성을 하나의 국가라는 테두리 안에 끌어안고 있던 곳에서는 민주주의 이념하에 정치권력을 재건하기만 하면 되었다. 그러나 이들 나라는 1939년 이전부터 이미 공통된 정치적 정체성을 지니고 있지 않았다. 그런 가운데 공산당 지배체제가 붕괴하자 이들 나라는 문화적·정치적 동일성이라는 관점에서 훨씬 제한된 국경선을 다시 그을 수 있는 뜻밖의 기회를 얻게 된 것이다. 이 경우의 지도자들에게 민주주의의 다원적 권력구조란 그다지 중요하지 않을 뿐 아니라 유해하기까지 하다. 이들은 큰 나라에서 제2인자에 머물거나 혹은 아무 자리도 차지하지 못하는 것보다는 작은 나라에서 제1인자가 되고 싶어하기 때문이다.

남아프리카공화국의 경우는 민주화의 특이한 예를 보여준다. 이 나라에서는 글자 그대로 민주주의라고 부를 수 있는 정치형태가 인종차별 정책(아파르트헤이트)하에서 이미 있어왔다. 그것은 정치에 참여할 권리가 백인에게 한정된 형태로서, 마치 19세기 프랑스의 7월왕정에서 유산자에게만 투표권이 주어진 것과 같았다. 따라서 이 나라에서 1993년에 있었던 이른바 민주화 운동이란 보통선거의 실시와 연결된다. 그렇지만 단지 보통선거가 실시된다고 해서 흑인과 다른 유색인에게도 국민의 권리를 인정해주는 일이 완성되리라고는 아무도 생각하지 않을 것이다. 남아프리카공화국의 대변혁은 동구권에서 그랬던 것 이상으로 새로운 사회를 탄생시켰으나, 그것은 인종과 정치가 뒤얽힌 여러 관계가 아직 완전히 설정되지 못한 사회이다. 또한 남아프리카공화국은 시민권의 집단적 확대가 민주주의 역사상 최초로 논리적 결과에 바로 도달한 특별한 경우이다. 말하자면 이와 같은 과정을 거쳐 생겨난 새로운 다수파, 즉 흑인의 대표자들이 권력을 잡았다는 사실인데, 이러한 논리적 결과는 과거에 끊임없이 회피하려고 애써왔던 것이기도 하다. 여성이 투표에 참여하게 되었다고 해서 여성이 정치에서 차지하는 몫이 확대되지 못한 것처럼, 민중의 선거권이 확대되었다고 해서 즉시 프롤레타리아의 지배가 실현된 적은 그때까지 한 번도 없었다. 반면에 남아프리카공화국에서 시민권의 개방이란 기존 지배계층의 정당성을 재창출하기 위한 양보만을 의미하지는 않았다. 개방된 시민권은 지배계층을 바꿔놓았다. 이러한 과정은 비록 백인의 입장에서 볼 때 지위의 보존이라는 이득을 가져왔다고는 해도 분명히 진정한 의미의 민주화인 것이다.

4
민주주의의 정착

    지금까지는 민주주의로의 이행이라는 문제를 철학적인 관점에서, 혹은 그것을 둘러싼 연속된 역사적 상황의 프리즘을 통해서 살펴보았다. 그런데 과거 민주화 과정들의 연속성을 입증하고 각 경우의 특수성을 드러내기 위해 이렇게 한걸음 물러서서 살펴보는 일이 필요하기는 했지만, 그 때문에 오늘날 가장 시급한 질문, 즉 어떻게 변화를 이끌어낼 것인가 하는 질문은 미루어둘 수밖에 없었다. 그러므로 이제는 이러한 질문을 제기할 차례이다. 어떻게 하면 권위주의적 체제로부터 현실적 정치실천으로서의 민주주의로 옮겨갈 수 있는가?

난파선 버리기

　나치와 이탈리아 파시스트의 몰락은 전혀 이상한 일이 아니다. 그들은 외국 군대의 무력에 패해 쫓겨난 것이다. 그렇지만 1945년 이후 온갖 형태의 전제적 정치체제들이 패망한 일에 대해서는 의문을 품지 않을 수 없다. 포클랜드 전쟁의 여파로 물러난 아르헨티나의 정치군인들이 보여준 것과 같은 간접적인 방식을 제외하면, 2차대전 후에 전제적인 통치자들이 군사적인 패배로 인해 몰락한 경우는 없다. 더 특이한 점은 독재체제들은 스페인의 경우를 제외하면 그들의 우두머리가 죽은 다음에도 살아남았다는 사실이다. 게다가 국민의 저항이나 반발이라는 벽에 부딪혀도 독재체제들은 그다지 큰 영향을 받지 않았다. 자유의 여명이 밝아올 때 마침내 광장과 거리로부터 터져나온 함성들은 대개의 경우 이미 짐을 꾸려 달아날 준비를 하고 있던 권력의 파산을 확인하는 일밖에 하지 못했다. 그 함성들은 해방의 환희를 드러내주었으나 해방을 가져온 원인이 되었다고는 할 수 없었다. 좁은 의미의 민주적 반대세력들, 즉 망명지도자들이나 지하투사들은 대개의 경우—포르투갈과 루마니아를 제외하고—독재자들이 버리고 떠난 자리를 차지했다. 스스로의 힘으로 독재자들을 몰아내는 수고를 하지 않고도 말이다.

　이처럼 권위주의적 혹은 전체주의적 지배체제가 붕괴한 결정적인 요인이 패전이나 권력다툼도 아니고 더욱이 민중의 봉기에 있는 것도 아니라면, 다른 어떤 요인으로 그 현상을 설명할 수 있을까? 어떤 경우, 특히 라틴 아메리카나 필리핀에서는, 분명하고 손쉽게 다가갈 수 있는 민주적 대안이 있었다는 점이 분명 독재체제를 상당히 약화시켰다. 반면 공산주의 국가들과 스페인에서는 이러한 대안이 있었다고 하더라도 극히 불분명했으며, 뚜렷한 대안을 지니고 있던 나라에서조차 그것이 주도적인 역할을 하지는 못했다. 그렇기 때문에 전후 반세기 동안 갖가지 성격의 독재체제가 몰락해온 이유를 설명하기 위해서는 국제적인 환경과 함께 각각의 체제 자체가 지니고 있던 문제점을 살펴보아야 한다.

　억압적인 통치체제들은 아무리 안간힘을 써도 사실상 내부로부터 반드시 쇠퇴하게 마련이다. 쇠퇴의 시기란 선전을 통해 승리감을 고무하거나 결코 오지 않을 찬란한 미래를 약속함으로써 국민들의 열광을 이끌어내는 기능을 상실하는 때이다. 게다가 억압체제들은 흔히 스스로의 파행으로 인해 자국 경제의 토대를 약화시킨다. 또한 궁핍에 시달리면서 자유사회의 번영을 동경하는 국민들 사이로 걷잡을 수 없이 번지는 무력감 역시 경제가 부실해지는 원인이 된다. 경제가 피폐해질수록 국민들은 억압이 강해지는 것을 참지 못한다. 이러한 억압적 방식은 스탈린의 공포정치 이후로는 어디서든 점차 폐기되었고, 더구나 반대파만 제거할 뿐 새로운 활기를 공급받지 못하는 낡은 독재체제가 국가의 모든 영역에 걸쳐 일반화됨과 동시에 거의 효용성을 잃고 만다. 이렇게 되면 자유화만 남는다. 그것만이 막바지로 치닫는 권위주의적 체제를 회생시키기 위해 내놓을 수 있는 유일한 처방이 되는 것이다.

비록 통제하에서나마 문화, 경제 혹은 정치 영역을 개방하는 목적은 물론 침체상태에 빠져 있는 체제의 버팀대를 다시 정비하기 위한 것이다. 이런 유형의 개방은 언제나 제한적이며 자칫하면 원상태로 역행하기 쉽다. 그렇지만 개방은 그 대신 어떤 결과를 이끌어내는데, 이런 현상을 일리야 에렌부르크(Ilia Ehrenbourg)는 빙산이 녹아흐르는 현상에 비유한 바 있다. 이 현상은 돌이킬 수 없는 것이다. 그것은 억압된 사회를 서서히 풀어헤치며 조만간에 권력의 둑을 무너뜨리고 밀어닥친다. 이러한 해빙현상은 1970년대 라틴 독재체제들이 종말로 치닫게 된 서곡이었다. 마찬가지로 구소련에서도 1984년 12월부터 미하일 고르바초프의 글라스노스트(Glasnost, 정보공개) 정책이 러시아 국민들에게 더욱 근본적인 변화의 희망을 불러일으키면서 공산당의 지배를 조금씩 침식해 들어갔다. 이러한 자유화는 진정한 해방의 실망스러운 대용품에 불과했지만 압제자들에게는 치명적인 결과를 낳았다. 개방정책이 그들에게 회복할 힘을 주기는커녕 그들을 더욱 허약하게 만든 것이다. 비록 예측하지 못한 일이었으나 그들에게 자유화란 바로 멸망으로 가는 길이었다.

이러한 일련의 상황전개에 대해 통치자들은 점차 당황하지 않을 수 없었다. 그들로서는 더이상 자신들의 권력이나 자신들이 구축해놓은 체제를 신뢰할 수 없었던 것이다. 그들은 결국 자기들의 시대가 지나갔다는 사실을 꿰뚫어보았으며, 아무리 큰 대가를 치르고 자기들의 지배를 연장시킨다고 하더라도 별 소용이 없으리라는 점을 납득했다. 1984년 브라질 군부정치인들이 정권을 내놓고 물러간 사건은 상당 부분 이러한 패배주의에 기인한다. 그들은 군부의 위상을 유지하기 위해서는 인플레이션과 경기침체라는 위태로운 문제를 민선지도자들에게 떠넘기는 편이 낫다는 것을 깨달았던 것이다. 아르헨티나와 우루과이의 군부정치인들에게도 사정은 마찬가지였으며, 또한 동유럽의 많은 공산주의 국가 지도자들이 여전히 모든 권력을 장악하고 있으면서도 유화책으로 난국을 해결하려 했던 이유도 여기에 있다.

그렇지만 이러한 위기상황이 결국은 활력소가 될 것이라는 결론을 내리는 데는 어느 정도 유보적인 태도가 필요하다. 권위주의적 체제 속에서 권력의 자리에 오른 인물들이 보여주는 민주화의 수용이나 공개사죄는 흔히 기회주의로부터 비롯된다. 그래서 그들은 독재자의 제복을 지체 없이 벗어던지고 민주주의의 어린 양이 되어 흰색 망토로 갈아입는 것이다. 루마니아에서 전체주의를 지키던 늙은 수문장 이온 일리에스쿠(Ion Iliescu)가 차우셰스쿠(Ceaucescu) 처형 후 민주주의를 흉내냈던 것이 그 예이다. 또한 세르비아의 밀로셰비치(Milosevic) 대통령은 공산주의를 민족주의로 바꿔치기했다. 러시아 그리고 구소련에서 떨어져 나온 중앙아시아의 여러 공화국의 경우도 마찬가지였다. 독재자였거나 그들과 한 부류였던 자들이 마치 이번에는 자신들이 예전에 가담했던 폭정의 순교자인 양 행세하며 같은 자리를 지키고 있는 것이다. 동일한 현상은 아프리카의 독재자들에게서도 볼 수 있다. 그들 역시 선거가 있을 때마다 선출되거나, 선출되려고 애쓰면서 시대정신에 맞춰 변신해왔다.

여기서 구태여 시대정신이라는 용어를 쓰는 이유는 단지 문학적으로 표현하고 싶어서가 아니다. 시대정신이야말로 최근의 민주화 현상을 설명하는 세번째 요인으로서 전세계적인 차원에서 논의되어야 할 문제이다. 시대정신이 동유럽의 공산주의 정권을 와해시킨 결정적 요소였다는 사실에는 이의를 제기할 수 없다. 왜냐하면 만약 고르바초프가 인민민주주의의 지도자들에게 '붉은 군대'는 심각한 사태가 일어나는 경우라도 그들을 구하러 달려오지 않을 것이라고 경고하지 않았다면, 그들이 그처럼 쉽게 항복하지는 않았을 것이 틀림없기 때문이다. 중앙아메리카에서 특히 미국의 영향하에 민주주의 정부가 들어선 것도 이와 유사한 경우이다. 또한 사하라 이남의 아프리카에서 비록 성과는 없었으나 민주주의적 제스처가 있었던 계기가 1990년 라볼(La Baule) 담화에서 프랑스의 미테랑 대통령이 그들에게 보낸 권고에 따른 결과였다는 점도 이러한 시류의 힘을 보여준다.

국제적인 환경 역시 간접적인 방식으로 영향을 미친다. 공산주의체제가 와해된 이후, 여전히 버티고 있는 권위주의 정권들이 '국제협력'에서 지지를 완전히 상실했다는 사실은 명백해졌다. 이러한 사실은 적어도 남아 있는 권위주의체제들이 형식에 불과하다고 할지라도 어느 정도 해방의 의지를 표현하지 않을 수 없게 되었음을 의미한다. 문제는 예를 들어 인도네시아, 앙골라, 토고, 자이레에서 보듯이 아직도 남아 있는 독재자의 대부분이 말로만 그런 의지를 천명하고 있을 뿐 실천에 옮기지 않고 있다는 점이다.

역할의 배분

이러한 장애가 있다고 해서 민주화가 진지하게 모색되

고 있는 경우를 간과할 수는 없다. 그렇다면 민주화라는 어려운 작업을 실천한 사람들의 실행방식은 어떠했는가? 이 질문에 답하기 위해 우선 민주화 작업을 이끌었거나 그에 반대했던 양편의 당사자들이 어떤 역할을 수행했는지를 알아보아야 할 것이다. 그 외에 또 다른 편에는 이들 양자 사이에 벌어진 힘겨루기를 착잡한 심정으로 주시해온 일반 국민들이 있다. 새롭게 민주사회의 시민으로 부상한 이들 일반 국민이 담당했던 역할은 다소 무시되어 왔으나, 그들 역시 민주화 과정에서 빼놓을 수 없는 당사자들이다.

신생 민주주의체제를 건설하는 사람들은 '민주주의자들'이고, 민주주의의 개화를 애써 방해하는 사람들은 '독재자들'이라는 생각은 지나치게 단순한 것이다. 뚜렷하게 경계지어진 당파 혹은 영역이 있어서 그 중 한편은 민주화를 주장하고 다른 한편은 민주화에 적대적이라는 생각이나, 이전의 권력을 지탱하던 군대나 그 권력을 누리던 사람은 현체제에 적대적이며 자유를 위해 투쟁한 사람들은 공개적인 경쟁에서 겨루어 이긴 영웅의 반열에 오른다는 생각 역시 잘못된 것이다. 이같은 단순한 생각과는 현저히 다르게, 실제적 구도는 지난 정권의 말기에 이미 그려지는데, 각 세력들이 자리잡는 과정은 흔히 정치학자 미셸 도브리(Michel Dobry)가 기존 정치망의 다양한 구성요소들의 '당파이탈현상'(désectorisation)이라고 부른 방식에 따라 이루어진다. 말하자면 먼저 관계의 단절이 발생한 다음, 이어서 그들간의 연대, 경쟁, 대립이라는 관계의 재구성이 이루어지는 것이다. 예견되던 붕괴 혹은 종말의 시간이 다가오면, 독재체제 전체에 균열이 일어나 그 체제를 구성하는 여러 기관의 응집력을 깨뜨린다. 그리하여 독재체제는 완강하게 '최후까지 버티는 파'—즉 체제사수파—와 개량주의적 조정을 수용하는 파로 양분된다. 자신들이 여기서 양보하게 되면 막을 수 없는 연쇄적 사태를 초래하여 체제의 폭발에 이르게 되리라고 믿는 체제사수파는 실패의 위험을 떠안으면서까지 아무것도 포기하지 않으려고 한다. 반면 개혁수용파는 아담 쉐보르스키(Adam Przeworski)의 표현에 따르면 "위험에 민감한" 자들로서, 다가올 민주주의체제에서 자신들이 정치적·사회적으로 살아남을 기회를 얻기 위해서 다소간의 협상을 통해 민주화에 동조한다. 이러한 논리에 따라 '당파이탈현상'이 일어난다. 군대, 유일정당 혹은 주도적 정당, 비밀경찰, 행정부, 인텔리겐챠, 나아가 경제지도자층 내부에서도 균열이 일어나 각각 양편으로 나뉜다. 그리하여 갈라져 나온 자들은 자신들이 원래 속해 있던 위치와는 상관없이 같은 길을 선택한 자들끼리 연합한다.

이에 상응하는 현상은 민주주의 진영에서도 나타난다.

반대세력 내의 개혁파들과 공개적 혹은 암묵적인 공조를 지지하는 자들이 결집하고, 그리하여 공조 지지자들은 전술적인 것까지 포함해서 일체의 타협을 거부하는 자들로부터 멀어진다. 체제변화의 가능성이 떠오르면 곧 그들 사이의 표면적인 연합은 무너진다. 그들 중 한편은 어느 정도의 모욕적인 타협을 용인하더라도 민주화 정책을 가능한 한 완화하여 저항을 최소화하려 하며, 다른 한편은 더욱 강경하게 과거와의 근본적인 단절을, 일종의 정신적인 청산을 주장한다. 이러한 그들의 주장은 실질보다는 원칙에의 충실성으로 정당화된 것이다. 원칙이라는 대의는 실질적인 전략과는 양립할 수 없다. 타협을 거부하는 자들이 보기에 다른 편이 주장하는 실제적 방식은 타락이기 때문이다. 그리하여 이때부터 양 진영의 온건파들간에, 도브리의 표현을 또 한번 빌리자면 '공모를 통한 거래'가 이루어진다. 마찬가지로 양 진영의 강경파들은 각자가 상반된 목표를 지향하고 있음에도 불구하고, 별로 의도하지 않았지만 서로의 원군이 된다. 결국 민주화의 전과정은 이러한 자발적 혹은 비자발적인 연합에 의해 지배되는 것이다. 토크빌이 '민주주의를 도에 넘치게 애호하는 이들'이라고 규정한 사람들이 체제 반대세력 내부에서 주도권을 잡으면 이들은 이전 체제와 정치적으로 완전한 단절을 도모하며, 그렇게 되면 이들이 기도하는 권위주의와의 완전한 단절이 통제를 벗어난 보복이나 과격한 개혁으로 이어지지 않는 한, 권위주의적 도당 내부의 강경파들의 반격을 촉발하여 오히려 수세에 몰릴 위험이 초래된다. 그런데 정치적 보복이나 과격한 개혁의 광란도 어쨌든 새로운 민주주의체제를 위태롭게 만드는 요인이다. 반면 각각의 진영에서 온건파 혹은 개량주의자들이 나란히 강경파를 누르고 주도권을 잡으면, 이들은 서로간에 명시된 또는 암묵적인 협약을 맺게 되며, 이를 통해서 새로운 민주주의체제는 지속성을 보장받게 된다. 그러나 이러한 실용적인 노선이 성공적인 결과를 가져오기도 하지만, 한편으로는 체제의 미래를 불확실하게 만든다는 점도 사실이다. 즉 위와 같은 방식으로 첫발을 내디딘 타협적 민주화 과정이 어느 정도 시간이 지나면 처음 출발할 때의 불순한 결탁을 벗고 진정한 대의정치체제로 이어질 것인가 하는 의문을 품지 않을 수 없는 것이다.

이 문제와 관련하여 민주화의 이후 진전과정을 살펴보면 결과는 매우 긍정적이다. 스페인의 민주화 과정은 도덕적인 모범을 보여주지는 못했다. 그러나 적어도 그것은 반(反)프랑코주의 신념에 차 있던 민주주의자들, 그리고 아돌포 수아레스와 후안 카를로스 국왕의 경우처럼 독재체제에서 안주하다가 체제가 무너지자 합리적 선택에 의해 민주주의자가 될 수밖에 없었던 사람들 사이에서 이루어진 전술적 제휴의 정당성을 입증했다. 마찬가지로 칠레 역시 변화의 양쪽 당사자들이 현실에 적응한 예를 보여준다. 더 넓게 보면 그리스, 브라질, 폴란드, 헝가리, 체코슬로바키아, 알바니아, 불가리아, 남아프리카공화국에서도 본질적으로는 이와 같은 타협적인 노선이 선택되었다. 오직 포르투갈과 루마니아만이 정반대의 예를 보여준다. 이 두 나라는 극단적인 민주주의자들로 인해, 혹은 양 세력의 '강경파'가 예기치 않게 서로를 강화함으로써 손실을 입은 경우이다. 그렇지만 이런 식의 낙관론은 성급한 것이라는 점도 인정해야 한다. 아프리카의 두 세력, 즉 영어권에서 '온건노선'(soft-liners), '강경노선'(hard-liners)이라고 부르는 양자간의 경쟁은 특히 후자 쪽에 유리하게 돌아가고 있다. 러시아에서도 줄곧 두 세력이 겨루고 있으며, 그 결과는 구소련에서 분리되어 나온 나라들 전체의 진로에도 큰 영향을 미칠 것이다.

정치적 변화에 직면한 국민들의 불안감이라는 측면에서 보자면, 차후 상황이야 어떻게 진전되든간에 협상을 통한 이행이 보복을 동반한 단절보다는 국민들의 불안감을 더 잘 달랠 수 있다. 스페인의 사회학자 후안 린츠(Juan Linz)의 지적에 따르면, 이러한 상황에서 국민들은 양면적인 감정을 갖는다. 처음 몇 달 동안은 해방의 기쁨 때문에 가려져 있으나, 불확실한 민주주의가 인도해갈 미래에 대한 우려가 우세해진다. 모순된 사실이지만 대중은 질서를 유지하고 기존 상황과 일상의 안정을 지키려고 하면서도 동시에 과거에 대한 준엄한 심판을 열망한다. 이런 조건하에서 변화를 추진하는 주역들은 국가를 변함없이 유지하면서 뒤집어엎는 도박을 벌여야 한다.

게다가 민주화 작업의 '기획자들'은 자신들에게 적극적인 동지들보다는 적들이 더 많다는 사실을 인정해야 한다. 그래야만 이들은 잘못된 길로 들어서지 않을 수 있다. 구체제에서 상층부를 차지하고 있던 적들은 여전히 관료조직, 군대, 경찰, 경제운영기구 내에 도사리고 있다. 또한 중간계층이나 지식층에서도, 앞선 권력체제에서 안락한 생활을 누렸던 사람들 속에는 적들이 광범위하게 퍼져 있다. 반면 갓 태어난 민주주의체제의 편이라고 자처하는 사람들은 하나로 뭉쳐 세력을 형성하지 못한 상태이다. 수천 명 정도의 지도층과 행동원들 외에, 지식인, 예술가, 테크노크라트 중 체제에 안주하지 않는 성향을 지닌 사람들, 권력에서 소외된 군인, 대학 내의 선동자, 여성운동가들이 그들이다. 또한 여기에는 명분상으로는 국민의 대표이지만 사실은 국민과 거리가 멀어진 귀국 망명자들도 들어간다. 그러나 이렇게 뒤섞여 있을 뿐 이 사람들의 대다수는 민주화 작업을 이끌어나가는 사람들에게는 적도 동지도 아니기 때문에 하나의 세력으로 힘을 발휘하기에는 미흡하다. 국민대중은 말로는 구체제를 거부하지만 불안한 상황에서는 오히려 구체제가 살아남는 데 힘을 보탠다. 이들은 체제를 다시 정비하는 데 공감하는 태도를 보이기는 해도 그다지 신뢰하지는 않으며, 사정이 더 나빠질까봐 두려워한다. 이렇게 해서 국민들 중에는 다수의 방관자들이 생긴다. 이들은 어느 정도 체념하는 입장이 되어, 실권의 확보와 공표한 정책의 실행능력이라는 면에서 효율성을 보여주기만 한다면 어떤 형태의 정부라도 받아들이려고 한다. 이와 같은 환경 속에서 민주화를 이끄는 사람들은 가장 위험부담이 큰 책임을 떠맡는다. 그들의 책임은 민주주의체제를 상황논리에 의해서가 아니라 근본적으로 정당화해야 한다는 것이다.

위기의 관리

민주주의체제를 상황논리에 의해서가 아니라 근본적으로 정당화한다는 것, 바로 이것이 칠레의 살바도르 아옌데처럼 비극적 영웅주의로 끝맺느니 차라리 민주화 과정을 종결하기를 원하는 사람들에 맞서서 던지는 도전이다. 그러나 여기에는 다음과 같은 어려움이 뒤따른다. 민주주의를 처음부터 명백히 지지한 사람들이 자신들의 힘만으로 민주주의를 확고히 뿌리내릴 수 없고, 민주주의의 적들이나 민주주의에 불안감을 품고 있는 자들이 여전히 남아서 민주주의가 자리잡는 것을 방해하고 그것을 전복시키려 하는 경우, 그리고 이러한 양 세력의 투쟁에서 어느 편이 승리하든간에 대다수의 국민은 주저없이 충성을 바칠 준비가 되어 있는 경우, 신중한 전략가들이라면 이전부터 자기들의 대의명분에 동조해온 사람들을 큰 대가를 치르면서까지 즉시 만족시키려하기보다는 적대적인 자들을 평화적으로 무장해제하는 일에 우선순위를 두어야 한다는 것이다. 그것이 가능하려면 표면적으로 드러나건 숨어 있건 간에 민주주의에 적대적인 사람들에게, 그들 개인의 안전은 보장되며 그들은 새로운 정치·사회 상황에서도 상당한 지위와 직업을 누릴 수도 있다는 것을 보여주어야만 한다. 반면에 민주주의를 위해 투쟁한 사람들이나 일반인들은 대규모 개혁을 원하는데, 이런 개혁에는 논란이 뒤따를 수밖에 없다. 이 경우 이들의 희망을 완전히 배신해서는 안되겠지만, 이들의 요구에 무차별적으로 응해서도 안된다. 게다가 극단적 민주주의자들이나 일선정치인, 노동조합 지도자들이 보여주는 조급함에 조금이라도 말려들지 말아야 한다. 사실, 이러한 요인들에 의해 정부가 성급한 조치를 취하게 되면 여러 가지 재앙을 초래할 위험이 있다. 정치적 균형이 흔들릴 때 섣부른 정책은 경제의 허약한 균형을 곧장 무너뜨린다. 또한 그로 인해 대외적으로 새로운 체제의 이미지를 손상시키고 소중한 지지를 잃어버릴 수 있다. 무엇보다 우려되는 점은 신중하지 못한 정책들로 인해 민주주의에 대항하는 모든 적대세력이 필시 제휴하여 새로운 체제를 무너뜨리려고 총공세를 펴게 된다는 것이다. 그렇지만 점진적인 정책을 택한다면 이와 같은 난관을 피해 나갈 수 있다.

사실, 문제는 국가의 기능을 계속 유지하는 데만 있는 것이 아니다. 국가에 꼭 필요한 능력을 갖추고 있으나 지속성을 중시하는 성향 때문에 새로운 사태에 의혹을 품는 모든 사람들을 설득해서 협조를 얻는 일 역시 급선무이다. 그러기 위해서는 무엇보다 그들의 옛 동료 몇 명이 국가기관이나 민주화 작업에 참여하는 모습을 보여줌으로써 이들을 안심시켜야 한다. 이러한 사실을 확인시켜주면 그들은 사회에서 따돌림을 당할지도 모른다는 두려움을 떨쳐버린다. 그리하여 그들이 궁지에 몰린 나머지 배수진을 치고 태업(怠業)을 감행하거나 현실과 담을 쌓고 칩거하는 것을 막을 수 있다. 최악의 경우 이렇게 잠정적으로 세워진 혼합 정치체제가 그들로 하여금 민주주의에 저항하는 것이 계산착오라고 생각하게 만들 수는 있다. 어쨌든 이러한 점을 발견한 덕분에 스페인, 칠레, 브라질에서, 그리고 더욱 최근에는 폴란드, 헝가리, 불가리아, 발트해 연안의 공화국들에서 전문적 능력을 갖춘 '공산당 기관원'(apparatchiks)들이 뛰어난 솜씨의 민주주의 견습생들로 변신했다. 특히 구동구권 국가들에서 공산주의자들이 다시 돌아와 권력을 장악한 사실에서 그들이 정치게임의 새로운 규칙을 받아들였음을 알 수 있다. 아마도 이들이야말로 1990년에 분출했던 서정적 환희를 기억하면서도 이전의 전체주의가 제공한 보잘것없는 행복에 대해 향수를 느끼는 자기 나라 국민들에게 민주주의를 차분하게 받아들일 수 있는 어떤 침착성을 가장 잘 전파할 수 있는 사람들일 것이다.

그렇지만 이러한 정치적인 지혜는 그 목적과 배치되는 결과를 가져올 수도 있음을 알아야 한다. 그것은 긴급 상황에 대처하기 위해 사용한 미봉책이 장기화되어 의사(擬似)민주주의자들이 진정한 민주주의 지지자들을 초조하게 만드는 형국이 될 경우이다. 이 진정한 민주주의자들은 민주화가 겉으로만 보기좋게 꾸미는 것과는 다르다고 생각하기 때문이다. 옛 공산권 국가들은 종종 이같은 민주화 과정의 점차적인 타락을 보여주었다. 폴란드에서는 야루젤스키(Jaruzelski) 장군이 스페인이 실천한 민주화 사례를 다시 재현해보려고 했지만, 스페인식의 민주화 방식을 옛 공산주의

사회에 적용할 경우에는 타락할 수밖에 없었다. 이처럼 적용이 불가능한 것은, 폴란드의 경우는 예외이지만, 주로 민주화 담당자들이 태만했기 때문이다. 이들은 민주화 과정을 합의에 의해 조화롭게 이끌어갈 때도 있지만, 정치적인 파국을 초래하기도 한다. 특히 가정할 수 있는 다른 원인으로는 민주화를 계획에 따라 조직하고 협상을 통해 진전시키는 과정에서 연합해야 할 민주화 작업의 양편 당사자들 사이에 현격한 차이가 존재할 경우를 꼽을 수 있다. 헝가리나 체코슬로바키아의 예를 보면 독재에 대항하는 민주주의자들이 미처 준비도 갖추지 않은 상태로 뿔뿔이 분산되어 있었다. 그래서 이들은 공산주의체제가 권력을 포기하자 단지 그런 상황에만 의거해서 기습적으로 권력을 손에 넣었다. 곧 이어 민주주의자들은 자신들의 무능력을 드러냈다. 강력한 조직을 만들어 지도력을 발휘하거나 혹은 쇠약해진 사회적 상황에서 그 사회를 반영해 효율적인 정부를 구성하지 못했던 것이다. 그보다 훨씬 더 심각한 문제는, 이들에게는 조직적이고 설득력 있는 협상전문가가 없었던 탓에 공산주의체제로부터 살아남은 자들이 민주화 과정을 아주 쉽게 자신들이 원하는 방향으로 돌릴 수 있었다는 사실이다. 루마니아의 일리에스쿠, 세르비아의 밀로셰비치, 에스토니아의 아르놀드 쿠텔(Arnold Kuutel), 리투아니아의 아나톨리스 고르뷔노

프(Anatolys Gorbunov), 구소련에 속했던 아시아 국가들을 새로 장악한, 브레즈네프(Brejnev) 시대의 옛 인물들, 그리고 러시아의 보리스 옐친(Boris Eltsine)과 그루지야의 셰바르나제(Chévarnadzé)를 비롯한 몇몇 인물들, 이 모두가 단지 새 옷만 갈아 입고 권력을 그대로 유지하고 있거나 다시 권력을 회복했다. 다른 편의 인사들, 즉 고독한 민주주의자들은 식량도 원조도 없이 갈 길도 모르는 채 남김없이 유린된 폐허에 서 있다.

위의 국가들이 공산주의체제를 벗어나면서 보여준 이와 같은 특성은 부분적으로는 이전 체제의 특권계급이 지니고 있던 속성에서 나온 결과이다. 이 특권계급은 라틴 아메리카나 아시아의 군부체제가 만들어낸 특권계층과는 큰 차이가 있다. 군부정치인들은 권력에서 물러나도 자신들의 역할과 원래 갖추고 있던 명분, 다시 말해 군대라는 명분을 계속 보유할 수 있다. 그들의 물질적인 존재기반뿐만 아니라 기본적인 정체성까지도 그들 스스로 병영에 다시 합류하면서 그대로 유지된다. 그러나 퇴각진지를 갖고 있지 못한 노멘클라투라의 경우는 이와 다르다. 운명의 순간, 그들에게 공산당 당사의 방들은 군인들에게 참모본부가 그랬던 것과 같은 피난처가 되지 못한다. 더 가혹한 일은 자기 권력으로 쌓아올린 정당성말고는 다른 정당성이 없으며, 권력의 힘으로 얻은 것말고는 다른 생계수단이 없다는 사실을 그들이 모르지 않는다는 점이다. 국가를 더이상 차지하지 못하게 되면 그들은 이미 죽은 목숨과 다를 바 없게 된다. 군인들처럼 열병식을 주재하는 것은 어림도 없는 일이다. 따라서 그들에게는 끝까지 저항하거나, 아니면 경제기구를 자신들을 위해 '사유화'하거나, 아니면 차라리 민주주의의 연인으로 위장해서 모든 사람을 속이는 것말고는 다른 출구가 없다.

선결과제의 목록

옛 공산권의 많은 국가들은 위에서 이야기한 상황적 특징을 드러내고 있다. 더구나 이들 국가에서는 성취해야 할 개혁의 내용을 정하고 실행에 옮기는 근본적인 문제 역시 어렵게 얽혀 있다. 1970~1980년, 남부 유럽과 라틴 아메리카에서 수행되었던 민주화의 경우보다 그 정도가 더욱 심하다고 할 수 있다. 어디에서나 민주화 작업을 떠맡은 사람들은 한꺼번에 너무 많은 문제에 부딪히지 않도록 조심해야 한다. 그들이 해야 할 일은 한꺼번에 문제를 해결하는 것이 아니라, 그 반대로 문제를 분류하고 우선순위를 정하여 그 실천방법을 제시하는 것이다. 그러면 통치업무가 과중해지는 것을 막을 수 있을뿐더러 그들의 개혁이 가져올 직접적

인 정치적 수확을 우선적으로 부각시킬 수 있다. 가장 중요
한 목적은 새로운 체제를 한시 바삐 정당화하는 것이기 때
문이다. 이러한 목적을 이루기 위해서는 신속하게 효과를
낼 수 있는 정책들만 공표하고 실시하는 것이 중요하다. 갈
등을 유발할 소지가 많거나 정치적으로 바람직하지 않은 부
차적 결과를 가져올 가능성이 높은 정책이어서는 곤란하다.
초기에는 허약하게 마련인 신생 민주주의의 신뢰성이 여기
에 달려 있다. 갓 태어난 민주주의체제는 특히 야망을 과시
하기 쉽고, 그 야망을 점검할 수 있는 방법은 실패밖에 없으
므로 위험하기 짝이 없다. 그러므로 광범위한 민주화 프로
그램, 예를 들어 토지개혁, 극히 불평등한 사회에서 부를 철
저히 재분배하는 문제, 또는 구체제 인물들에 대한 체계적
심판 문제 등에 우선적으로 뛰어드는 사람들은 자기 원칙을
고수하고 타협을 절대 거부하는, 그래서 민주주의에 발전
기회를 주기는커녕 그 싹마저 꺾어버리는 무모한 자들이나
이상주의자들뿐이다. 반면 새로운 정부의 기본적인 안전확
보를 최우선과제로 삼고, 그리하여 체제의 지속적인 유지를
바탕으로 다음 순서의 개혁을 실현하고자 하는 전략가들은,
가능한 한 실질적인 효과를 가져올 수 있고 또 시행하는 데
도 무리가 없는 목표를 몇 가지 정해서 거기에 집중한다.
1976~1977년에 시행된 스페인의 선거가 이러한 예를 보여

준다. 신중하게 추진된 이 선거들은 좌파정당을 함께 참여시키는 데 성공했다. 또한 아르헨티나가 인플레이션 통제에 성공한 과정도 이와 같은 경우이다. 이처럼 경우에 따라 부차적으로 보일 수도 있는 문제들을 효과적으로 해결함으로써 민주주의를 확고히 심을 수 있는 것이다.

공산주의에서 해방된 국가들은 정치적 변모와 더불어 경제, 사회, 문화에 걸친 대대적인 개조가 시급한 과제로 대두되는 바람에 불행하게도 이와 같은 단계적인 개혁일정을 마련하지 못했다. 개혁의 우선순위를 전술적으로 선택하는 일이 불가능해지면 둘 중 하나를 선택하는 수밖에 없다. 하나는 급격한 경제적 개혁을 실천하는 것으로서, 이러한 방법은 2~3년 후에는 긍정적인 효과가 가시적으로 나타나겠지만 당장은 그러한 효과의 부정적 측면인 심각한 실업과 물가의 급격한 앙등을 초래할 수밖에 없었다. 다른 하나는 점진적인 개혁을 택하는 것이다. 이 방법은 많은 사회적 비용이 들어갔지만, 국민들에게는 민주주의체제가 되어도 초창기에는 삶이 더 나아지지 않는다는 사실을 정확히 인식시켜 주었다. 경제학자 제프리 삭스(Jeffrey Sachs) 같은 서양의 전문가들은 근본적인 치료를 위해 충격이라는 '쓴 약'을 권고했다. 그 반면 민주화 작업을 실제로 담당한 정치인들은 이런 고통스런 경험에 미처 대비하지 못한 국민들이 적대감을 갖고 반발할 것을 두려워하여, 효과는 더디더라도 온건한 개혁을 실시할 것을 주장했다.

이론적으로 볼 때 두 가지 중에서 하나를 선택하기는 이미 어려웠다. 그렇지만 가장 심각한 문제는 민주화 과정에서 이 두 가지 정책을 놓고 계속 망설이기만 하거나 일관성 없이 이것저것 번갈아 사용하는 최악의 경우가 실제로 일어났고, 또 그렇다고 해서 공산주의 이후의 체제를 담당한 지도자들을 비난할 수만도 없다는 사실이다. 사실 이들 지도자는 다음과 같이 항변할 자격만은 갖추고 있다. 자기들에게 출자한 서구 국가들의 요구사항을 충족시키기 위해 일관성 있게 행동하고자 했다고 말이다. 주변의 서구 국가들은 이 경우 토크빌이 말한 극단적인 민주주의자들처럼 행동했지만, 이들이 가졌던 명분 있는 열정도 갖추지 못한 채 행동했던 것이다. 그렇지만 민주화의 선도자들이 직면했던 현실은 그들이 개입할 여지를 극히 제한했고, 그 결과 아주 노련한 조언자들이 가설적으로 엮어놓은 처방들 앞에서 정작 현실은 모습을 감출 수밖에 없었다. 이렇게 해서 특히 러시아, 우크라이나, 벨로루시에서 민주화의 계획은 사회의 붕괴라는 사태에 휩쓸려 뒤죽박죽이 되어버렸던 것이다.

5
민주주의는 '수출'될 수 있는가

동유럽에서 드러난 민주화 작업의 어려움은 민주화를 성공시키는 일이 일종의 정치공학 같은 것을 능숙하게 적용하는 데 달려 있지 않음을 명확히 보여준다. 지금 남아 있는 문제는 어떤 주어진 상황에서 민주주의가 발전하는 데 도움이 되거나 장애가 되는 더욱 근본적인 조건들을 살펴보는 일이다. 굴종 상태에 있던 사람들이 스스로 동의한, 그리고 번복할 수도 있는 복종 상태로 옮겨가는 것은 설교나 기적의 힘으로 실현되는 일이 아니다. 편견일지도 모르지만, 차라리 이것은 정치당사자들의 의지와는 무관하게 한 국민의 경제상황과 문화에 내재한 요인들에 의해 지배된다고 할 수 있다. 금융인들은 돈을 빌려주기에 앞서 미리 요구되는 사항들을 검토한다. 이렇게 검토된 선결사항에 의거해서 돈을 빌려주는 '조건'이 결정되는 것이다. 마찬가지로 '민주주의의 조건'이라는 것이 있을까? 이에 대해 그리스 철학자들은 있다고 믿었다. 자기들이 머리속에 그리고 있는 것과 같은 모습의 민주주의는 도시국가에서나 뿌리내릴 수 있다고 그들은 생각했다. 당시 도시국가가 제시하는 조건은 부(富)가 충분히 배분되어 있고, 주민의 대부분이 오늘날 중산층이라고 정의되는 계층에 속해 있다는 것이었다. 금세기에 이르러 1903년 푸에르토리코가 미국에 갓 합병되었을 때, 한 미국인은 "자유는 하나의 습관이지만 적도인들에게는 없는 습관이다"라는 말로 민주주의의 '조건'을 바라보는 근대적 시각을 표현하기도 했다. 대부분의 동유럽 국가들, 그리고 발전도상에 있는 국가들 전체로 시야를 넓혀서 보면, 다음과 같은 원칙이 비록 더 신중한 표현으로 포장되어 있기는 해도 여전히 명백하게 드러난다. 그것은 민주주의체제에서 살 수 있는 자격이란 정신적·물질적 특권에 속하며, 이러한 특권은 몇몇 사회들에만 주어져 있다는 원칙이다.

권위주의 숙명론

민주주의의 전제조건으로 제시되는 것들 가운데 가장

모욕감 없이 받아들일 수 있는 것은 경제와 관련된 것이다. 민주화에는 경제적인 선결조건이 있다는 생각은, 극심한 불평등을 겪고 있는 가난한 국민들에게는 민주주의에 대한 욕구보다 더욱 절박한 욕구들이 있다는 가정 위에 서 있다. 또한 발전과정에서 빚어지는 사회의 불안정은 자유체제가 자리잡는 데 적절하지 않다는 생각도 같은 입장을 보여준다. 게다가 지금은 위의 두 전제에 덧붙여서 민주화와 시장경제는 동전의 양면이라는, 다시 말해 민주화와 시장경제는 동의어라는 주장이 힘을 얻고 있다.

1958년 미국의 립셋(Seymour Martin Lipset) 교수는 민주주의에 경제적인 선행조건이 있다는 주장을 학문적인 형태를 갖추어 내놓았다. 립셋은 상세한 통계적 자료에 의거하여, 오늘날 한 나라의 국민은 물질적인 삶의 질이 향상될수록 안정된 민주주의체제를 누릴 수 있다는 사실을 입증했다. 겉으로 드러난 현상만을 놓고 볼 때 이러한 주장은 타당했다. 1980년 무렵, 거의 대부분의 경제선진국들은 민주주의를 누리고 있었다. 반면 알제리 같은 중진국의 경우에는 3분의 1, 차드 같은 극빈한 나라의 경우에는 10분의 1만이 민주주의체제를 갖추고 있었다. 하지만 1930년대로 시대를 거슬러 올라가 다시 분석하면 어떠한 결과가 나올까? 그 당시 유럽을 보면 히틀러가 이끌던 독일은 유럽 대륙에서 경제적으로 가장 앞선 국가였다. 또한 오늘날 중진국에 머물러 있는 라틴 아메리카의 거의 대부분의 국가들이 민주화되었다는 점은 어떻게 설명할 수 있을까? 그러나 립셋의 해석은 이런 간단한 도식에 그치지 않는다. 그는 일시적이거나 형식적이 아닌 진정한 민주화의 실현 가능성을 경제적인 발전수준 외에도 사회경제적 구조의 근대화, 교육수준, 낮은 인구증가율, 중산층의 확대, 새로운 엘리트의 출현, 그리고 삶의 전반에 걸친 서양의 사고방식과 가치관의 침투 등과도 연관지어 설명한다.

이러한 관점은 비록 서양의 민주주의 모델이 우리가 생각할 수 있는 유일한 민주주의 형태라는 가정 위에 서 있기는 하지만 비교적 설득력 있게 보인다. 그러나 군나르 뮈르달(Gunnar Myrdal)이 지적했듯이 여기에는 특히 경계해야 할 점이 있다. 뮈르달은 유럽이나 북아메리카에서 "보통선거에 기초한 완전한 민주주의가 실시된 것은 경제적으로 상당한 발전을 이룩한 단계에서였다"는 점을 상기시키면서, 다음과 같은 결론을 이끌어낸다. "정치적 민주주의의 이상이 근대화의 이상들을 실현시키는 추진력이 된다는 주장은 의심스럽다. 근대화의 이상들이란 어떤 권위주의적 정치체제가 그것을 실현하는 일에 힘을 집중하는 한, 권위주의체제에 의해서도 달성될 수 있는 것이다"(『아시아의 드라마: 국가들의 빈곤에 대한 연구』).* 즉 경제적인 발전의 이면에는 민주화를 저해하는 요소가 싹트고 있었던 것이다. 이러한 성찰이 가능했던 것은 뮈르달이 민주주의의 전제조건에 대해 좀더 현실적인 시각을 견지하는 새로운 학파의 이론에 접목했기 때문이다. 1960년대 말부터 새로 등장한 이 학파는 경제발전이 정치적 변화의 선행조건이 아니며, 경제발전은 민주화와는 거의 양립할 수 없는 현상이라고 주장했다. 이러한 주장은 경제발전이 국민들의 통제하기 어려운 기대를 유발했다는 점에 근거하고 있다. 국민들은 빈곤의 터널을 빠져나가려면 아직 멀었는데도 불구하고 이미 출구에 도달했다고 믿고 있었다. 따라서 이러한 위기상황에서는 강력한 통제력을 지닌 권위주의적 정부가 차라리 더 나았다는 것이다.

이런 전략적인 강압통치를 추종한 사람들이 있는데, 바로 싱가포르 번영의 주역인 리콴유(李光耀) 전수상이 그런 인물이다. 그는 1991년에 이렇게 말한 바 있다. "농업 위주로 머물고 있는 사회들에서는 민주주의가 빠른 성장을 가져올 수 없다." 그리고 "군부가 없었다면 … 한국과 대만이 그처럼 빨리 발전할 수는 없었을 것이다"라고도 했다. 그의 견

---

* Gunnar Myrdal, *Le drame de l'Asie: une enquête sur la pauvreté des nations*, Paris: Le Seuil, 1976, p.47, 138.

해에 따르면 필리핀의 예는 거꾸로 민주주의가 경제발전이라는 면에서 무능력하다는 사실을 보여주고 있다는 것이다. 리콴유가 아무런 거리낌없이 "유럽의 대국들이 지니고 있는 민주주의 전통은 그다지 길지 않다. … 그들이 부를 쌓아오는 동안 그들 대부분은 오늘날의 아시아 국가들 못지않게 권위주의적이었다"(≪이코노미스트≫지 기사)[*]고 덧붙인 것을 보면 그것을 알 수 있다.

사실 그가 이러한 견해를 내놓았던 시기는 과거 공산권이었던 국가들이 공산주의체제에서 벗어나 민주주의로 이행하던 짧은 기간과 일치하는데, 당시에 그의 주장은 받아들이기 힘든 것이었다. 실제로 1990년 무렵은 '시장민주주의'학파가 시장경제는 미래의 민주주의를 확고히 보장한다는 도그마를 내세우면서, 그보다 앞서 민주화에는 경제적인 기반이 필요하다고 주장해온 기존 학설의 수많은 아류들을 밀어낸 시기였다. '시장민주주의'학파의 이론에 의하면 가난한 자들의 도발로 위협받고 있는 민주주의의 미래는 시장이 낳는 풍요함에 의해 보호받게 되리라는 것이다. 이 학설은 집산화(集産化)된 경제가 실패로 돌아갔음이 명백하게 입증된 데서 비롯되었다. 또 하이에크(Friedrich von Hayek)

---

[*] *The Economist*, 320(7713), 1991. 6. 29, p.17, 20.

계열의 극단적 자유주의(ultra-libéralisme) 경제학자들의 이론이 이 학설에 기초를 제공했다. 물론 집산주의 경제가 실패했다는 점은 예전에 공산주의체제였던 국가들에서는 분명한 사실이며, 다소간 공산주의 경제모델을 따랐던 저개발 국가들에서도 아마 마찬가지일 것이다. 그러나 어떤 경제모델이 실패했다고 해서 그 모델 대신 선택된 다른 모델이 적합하다고 말할 수는 없다. 이렇게 볼 때 극단적 자유주의의 독단론은 사태를 악화시킬 뿐이다.

따라서 민주주의의 성공 가능성을 시장경제의 강화에서 찾는 민주화 처방은, 경제적 자유주의를 표방한 다른 저개발 국가들이 경제발전의 실패를 겪지 않았다는 가정하에서만 타당하다. 그러나 실제로는 그렇지 않다. 시장에 준거를 둔다는 것이 신화에 지나지 않을 경우가 많은 실정에서는 말이다. 예를 들어 라틴 아메리카의 경우를 보더라도 공기업이 오랫동안 사기업만큼이나 중요성을 지녀왔으며, 각국 정부는 합리적인 예측을 따르기보다는 늘 지적인 유행이나 여론의 흐름에 따라 정책을 바꿔왔다. 특히 이 지역은 에르난도 데 소토(Hernando de Soto)* 가 '신중상주의'(néo-merca-

---

* 스페인 출신의 아메리카 대륙 탐험가. 1537년 중앙 아메리카와 페루를 경략했고, 이를 기반 삼아 니카라과와 파나마 해협을 무대로 본국의 보호를 받으며 무역으로 부를 쌓았다—옮긴이.

ntilisme)라고 일컬었던 관행이 경제활동을 계속 지배해온 곳이다. 간단히 말해서 다른 지역과 마찬가지로 이 지역에서도 경제가 자유경쟁이나 성과에 따른 보상의 원칙하에 운영되지 못하고 정치적 관계에 따라, 혹은 권력에 의한 특혜에 따라 운영되고 있다. 경제의 성패는 특권의 유무에 의해 좌우되는 것이다.

그렇지만 자유란 다름아닌 경제활동의 자유라는 신념이 지금처럼 자신있게 통용된 적은 없었다. 현재는 극단적 자유주의 경제이론가들이 논의를 주도하고 있기에 시장이 단순히 부의 분배를 조절하는 역할만 하는 것이 아니라, 실제로 집단행동의 유일한 합법적 양식이라는 원칙이 우위를 점하고 있다. 경제활동에 대한 국가의 개입은 이런 관점에서 보자면 자의적인 가치판단과 자질들의 강요된 등급화에 근거할 수밖에 없으며, 이러한 가치판단과 등급화는 자유로운 사회의 권리들을 우롱하게 되는 것이다. 요컨대 시장은 민주주의의 역동성을 위한 원동력을 제공할 것이다.

이러한 논리는 가난한 국민들의 희망을 일종의 '상업적 민주주의'의 굴레에 가둔다는 문제점이 있다. 그러나 이 논리의 위험성이 여기에만 있는 것은 아니다. 이러한 논리는 철의 장막이 무너진 뒤 2~3년간 정치적인 개혁과 경제적인 개혁을 불가피하게 병행하는 일을 정당화해주기는 해도, 이후에는 시장의 교의가 민주화의 교의보다 앞서게 된다. 어쩔 수 없이 우회로를 택하는 바람에 민주화에 대한 적합한 사고는 20년 전으로 후퇴하게 되었다. 그래서 지금은 싱가포르, 한국, 대만 같은 동아시아의 '작은 용들'이 난관을 돌파해 나가는 모습을 보면서, 시장경제는 오히려 '민주주의 이전(以前) 상태'라고 규정할 수 있는 정치체제 안에서, 즉 시장의 자유를 존중하는 독재체제의 틀 안에서 가장 큰 성과를 올린다고 사람들은 생각하게 되었다.

민주화의 경제적 선행조건론들이 잇달아 제기되면서 발전도상에 있는 사회들이 지닌 민주적 잠재력은 간접적으로 평가절하되어왔다. 그에 비해 어떤 국민들이 자유주의체제를 누릴 수 있는 소양은 문화적으로 결정된다고 주장하는 학설들은 그러한 소양을 본래부터 주어진 숙명의 차원으로까지 격상시켰다. 어떤 사회들은 일종의 반(反)민주적 운명을 짊어지고 있다고 보는 이 주장의 논거는 두 가지 명제에서 출발한다. 첫번째 명제는 정치적 관계의 세속화와 신성화라는 두 개념을 대립시키는데, 전자의 경우 정치적 관계는 신의 의지와는 점차 멀어져 인간의 자유로운 주권 아래 놓이지만, 후자의 경우에는 인간은 어떤 방법을 쓰더라도 궁극의 권력을 쥘 수 없으며 오직 신만이 정당하게 이 권력을 지니게 된다. 두번째 명제는 한 개인이 자신을 둘러싼 사회적 환경에 대해 지니는 원천적 자율성을 인정하는 문제와 관련되어 있다. 가령 어떤 사회에서 공동체적 정체성이 개인적 정체성보다 우세하다면 그 사회에서는 민주주의가 불가능하리라는 것이다.

이러한 관점에서 볼 때, 서구 사회는 다음과 같은 점에서 다른 사회들과는 구별된다. 서양에서는 중세 이후 가톨릭 교리에 의해 종교의 영역과 인간의 영역이 분리되었으며, 정치는 인간의 영역에 포함되어 종교의 영역으로부터 떨어져나왔다. 서구 사회에서 국가와 통치체제에 대한 합리적 토의가 이루어질 수 있었던 것은 이러한 특성에 기인할 것이다. 반면 서구 기독교 사회 이외의 지역에서는 정치를 신과 분리시켜 인간의 영역으로 가져오지 못했다. 서구 사회 밖의 사람들에게 종교와 권력은 다양한 양상으로 뒤섞여 있었다. 따라서 종교와 정치의 이러한 혼합상태는 피통치자들의 동의 없이 강요되는 복종을 지속적으로 재검토하는 데 장애가 되었다. 복종을 강요하는 근거를 신성한 것의 영역에 두고 있었기 때문이다. 이슬람 사회는 이러한 정신적 태도를 일관되게 보여주는 대표적인 예이다. 이슬람은 유일신의 권력이 모든 것 위에 초월적으로 군림하는 세계로서, 여기서 신의 권력은 세속사의 차원에서와 마찬가지로 정신적인 차원에서도 행사된다. 이러한 세계관은 이란이나 사우디

아라비아의 경우를 볼 때 더욱 분명하게 드러나지만, 또한 이슬람 세계를 넘어 지구상에 퍼져 있는 많은 사회들에 적용된다. 이들 사회는 정치와 종교가 결합된 일원적 세계들로서, 이 때문에 민주화에 부적합하다고 인식되고 있다. 극단적으로 보자면, 동방정교회를 믿는 동유럽인들도 이러한 범주에 속한다. 동방정교회 역시 종교와 정치를 명확히 구분하지 않아왔기 때문이다. 그들에게 공산주의 교리는 결국 영적인 교화를 대신한 것일 뿐이었다.

이와 함께 개인주의에 대해서도 살펴볼 필요가 있다. 여기서 문제가 되는 개인주의란 공동체로부터 오는 제약과 대비해서 개인이 누리는 선택의 자유와 관련된 것으로, 개인이 누리는 선택의 자유란 민주주의 정신을 낳는 중심 동인이다. 개인주의라는 측면에서 볼 때 서구 사회와 서구를 제외한 나머지 지역 사이에는 큰 차이가 드러난다. 서구 사회에서는 각 개인의 의사결정이 다른 모든 것보다 더 큰 중요성을 부여받는다. 그러나 서구 사회 이외의 지역에서는 공동체의 일원으로서 요구되는 순응주의가 순수히 개인의 자격으로 주장할 수 있는 시민권의 발휘를 가로막는다. 그러므로 여기서는 정치적 혹은 이념적 다원주의라는 개념, 그리고 우리가 알고 있는 민주주의의 토대가 되는 이익의 충돌이라는 개념은 대다수 사람들에게는 받아들일 수 없는 것이 된다. 이들의 눈으로 보면 종교, 민족적 기원, 언어, 씨족이나 기초집단간의 대항관계 등에 의해 결정된 삶의 몫 이외에는 어떤 것도 정당성을 지니지 못한다. 동시에 이러한 사회들에서는 사람간의 관계, 직접적인 상호교류, 공동체가 개인에게 요구하는 충실성 등에 가장 큰 무게가 주어지기 때문에, 선거를 통한 대의라는 민주주의의 추상적인 원칙을 적용할 수는 없다. 여기서는 불변의 것으로 승인된 규약에 따라 권력이 규정되며, 개인적인 선호와는 상관이 없다. 그리고 개인의 선택은 공동체에 대한 배반이나 심지어 불경(不敬)으로 여겨진다.

이런 특성을 상정해보는 이유는 그러한 특성을 지니고 있다고 생각되는 국민들을 분석하기 위해서라기보다는, 그런 특성을 남들에게 갖다붙이면서 만족감을 느끼는 서양인들에 대해 한번 더 규명해보고 싶어서이다. 그것은 서구 사회의 가치체계가 철학적으로는 보편적인 영향력을 가질 수 있지만 정서적으로는 그렇지 못하다는 사실을 인정하고, 문제를 다른 방식으로 이해할 필요가 있기 때문이다. 서유럽과 북아메리카는 명문화된 합리적인 규범 즉 법을 지켜야 할 항목들의 최상위에 놓고, 사람 사이의 관계, 집단의 유대, 그러한 유대에 이바지해야 할 필요성에서 요청되는 도덕적인 처방은 불명예의 위험을 감수하면서까지 부차적 혹은 불법적인 것의 차원으로 내던져버렸다. 반대로 유럽과 아메리카 이외의 지역에서는 법에 의한 제약보다 명예에 의한 제약을 우선시하는 원래의 가치체계가 고수되고 있다. 브라질 속담에 "적에게는 법을, 친구에게는 모든 것을!"이라는 표현이 있다. 한 지역에서는 타락으로, 특히 정치적인 타락으로 여겨지는 행동들이 다른 곳에서는 반대로 넓은 관용의 이미지를 환기시킨다는 사실을 이 속담은 입증한다. 그런데 이런 지역은 민주주의를 오래 전부터 성숙시켜온 나라보다 훨씬 광범위하다. 여기서 서양인들이 품고 있는 또 다른 몰이해를 지적할 수 있다. 그것은 대의정치체제가 이론상으로는 옳지만, 법규범이 다소 경원시되는 사회에서 시행될 때는 기만이 될 수밖에 없다는 생각이다. 그러나 이렇게 말할 때 우리는 서양인들이 법규범을 존중한다지만 상당 부분 그런 척할 뿐이라는 사실을 간과하고 있다.

민주주의는 전제조건 없이도
실현될 수 있는가

더 넓게 보면 '민주화할 수 있는' 세계의 범위를 한정하려는 논의는 역사의 관점에서 반박의 여지가 많다. 자유체제가 뿌리내리는 데 빈곤이 장애가 되리라는 주장 역시 마찬가지이다. 사실 서유럽은 민주주의가 처음 시작될 당시, 민주주의가 개화하는 데 필수적이라고 여겨지는 최소한의 전제조건들도 갖추지 못하고 있었다. 영국조차 현재의 기준으로 보면 저개발 상태에 머물러 있었다. 당시 영국이 처해 있던 상황은 빈곤층의 영양실조, 도덕성의 미성숙, 아동 노동, 대지주층에 예속된 농업노동자 계층의 비참한 전락, 선거 조작, 정치가와 행정가들의 부패 등으로 특징지을 수 있을 것이다. 더구나 민주주의는, 민주주의가 늦게 자리잡은 독일의 경우에서 입증되듯이, 여러 국가에서 동시에 뿌리내린 것이 아니다. 독일은 1890년대 이후 경제적으로 가장 발전한 나라에 속했으나 나치즘을 겪었다. 또한 유럽이 정치적 변화라는, 피부로 느낄 수 있는 우발 사태들은 모면했다고 생각하는 사람들은 과거 아르헨티나의 경우를 다시 돌아보아야 한다. 1920년대에는 오스트레일리아와 더불어 새로운 엘도라도라고 불렸고 주민과 문화에서 유럽과 별로 다를 바 없고 풍요로웠던 아르헨티나는 얼마 전까지만 해도 민주주의를 이룩하지 못하고 있었다.

특히 인도의 정치가 걸어온 과정을 살펴보면, 민주주의를 꽃피우기 위해서는 경제적·문화적인 전제조건이 마련되어 있어야 한다는 주장들을 어느 정도 유보할 수밖에 없다. 인도는 유권자 수에서 대의정치체제를 갖춘 전세계 국가들 가운데 수위를 차지한다. 대의정치체제의 안정성이라는 차원에서 보아도 인도는 프랑스보다 제도를 바꾼 경우가 더 드물다. 그렇지만 인도는 농업과 산업이 민주화에 앞서 발전하지도 못했을 뿐 아니라, 오늘날도 여전히 가장 빈곤한 국가에 속한다. 비록 이 나라가 경제를 착실하게 성장시키고 있고, 뛰어난 지도적 인력을 보유하고 있지만 그것은 여전한 사실이다. 표면적으로 보면 이처럼 비관적인 상황이지만, 인도 국민의 선거참여율은 1952년 전체 유권자의 46%에서 1985년 63%로 증가했다. 한편 이미 1965년에 성인 10명 중 7명이 지지 정당을 정해두고 있는데, 이는 미국의 경우 10명 중 6명에 불과한 것과 비교된다. 따라서 인도의 민주주의는 그보다 앞선 물질적 발전으로 운좋게 빚어진 산물이라고는 결코 말할 수 없다. 게다가 그것은 개인주의와 평등정신이 만개한 사회에서 태어난 것도 아니다. 인도의 민주주의는 복합적으로 형성되었다. 이곳의 민주주의 정치체제는 이 나라의 전통과 영국의 합리적 식민통치의 유산, 또는 이 나라 인재들의 지적인 자질이 한데 어우러져 이루어낸 결실인 것이다. 특히 국가 인재들이 민주화 과정에서 담당한 역할이 중요하다. 매우 다양한 민족·언어·종교적 요소들로 구성되어 있고 더구나 이 요소들이 카스트 제도라는 신분질서와 맞물린 이 큰 나라에서는 스스로 택할 수 있는 유일한 탈출구가 민주주의라는 점을 인도의 지도층 인사들이 깨닫지 못했더라면, 아무런 다행스러운 결과도 빚어지지 않았을 것이기 때문이다.

이렇게 볼 때, 설령 빈곤한 국가들이 어쩔 수 없이 갖게 되는 무기력함과, 그 후 경제발전을 계기로 또는 부유한 국가들의 풍요에 스스로를 견주어봄으로써 초래되는 과열된 사회 분위기가 신생 민주주의 국가를 이끄는 민주화 선도자들에게 큰 장애가 된다고 하더라도, 이러한 장애는 뛰어넘을 수 없는 성격의 것은 아니다. 마찬가지로 경제적인 대개혁이 정치적인 개혁에 앞서 이루어지지 않았다고 해서 민주화가 실현될 가능성이 모두 사라지는 것도 아니다. 이 점은 오늘날 체코공화국과 헝가리가 처해 있는 상황을 비교해보면 알 수 있다. 체코공화국은 정치 개혁과 경제 개혁을 동시에 추진해야만 했으나, 그렇다고 해서 큰 무리는 없었다. 한편 이미 공산주의체제하에서 자유경제를 실시했던 헝가리는 처음에는 앞선 상태에서 시작하는 유리함이 있었으나, 그러한 이점을 거의 살리지 못했다. 또한 경제 개혁이 민주주의에 대한 기대를 희석시키려는 목적으로 추진된 중국의 경우는 역으로 이 점을 입증해준다. 더구나 지금 민주주의로 이행중인 국가들 대부분이 경제적 측면에서 아주 힘든 환경에 처해 있는 이상, 이들 국가에 대해 경제발전이 아직 완성되지 않은 탓에 민주주의를 실현시킬 자질이 없다고 말하는 것은 순전히 지적인 유희에 불과할 것이다. 한 세기 전 유럽이 정치적 대변신을 이루어냈던 상황도 이처럼 경제가 미처 발전하지 못한 상태였다. 그 밖에도 현대 대중매체가 행사하는 영향력이나, 자유로운 이동으로 유발되는 인구순환의 효과, 물질적 소비재의 유인력, 또는 아프리카나 아시아의 가장 빈곤하고 지리적으로 외진 국가들에까지 파급된 민주주의에 대한 열망도 민주화의 조건과 관련해서 살펴보아야 할 문제들이다. 인정하든 않든 간에, 빈곤한 경제적 토양에서도 민주주의가 꽃피는 시대가 도래했다. 그러나 이렇게 근대성에 대한 열망이 더욱 고조되는 추세에 맞서 교조주의적 반동의 시대도 함께 열리고 있다.

한 가지 더 지적할 점은, 문화적인 토대가 민주주의에 끼치는 영향을 부정할 수는 없지만 그렇다고 그것 때문에 몇몇 경우에서 민주화 가능성을 무조건 불신하는 것도 옳지 않다는 사실이다. 민주주의 모델이 유럽의 역사와 문화에 기원을 두고 있다는 것은 분명하다. 그런데 유럽의 역사와 문화는 끊임없이 변화하며 진보해온 것이지, 미리 어떤 모습으로 정해져 있던 것은 아니다. 물론 서양이 밟아온 선구적인 정치변화의 과정이란 언제나 그리스도교의 역동적인 추진력이 빚어낸 부수적인 결과였다는 사실을 무시할 수는 없다. 그리스도교가 신앙을 개인적인 차원에서 새롭게 보게 되자, 개인은 다른 지역에서는 우선시된 공동체적 정체성으로부터 점차 떨어져나올 수 있었다. 그러나 민주적 시민권의 등장이 이러한 개인의 성장에 연유한다는 점을 인정한다고 해도, 이슬람교 역시 개인주의적 감수성을 지니고 있다. 역으로 많은 유럽 국가 즉 이탈리아, 독일, 오스트리아, 벨기에, 네덜란드, 혹은 프랑스의 브르타뉴와 알자스 같은 지방에서 보통선거가 정착되고 민주적 정신이 배양되어온 과정에서 가톨릭이나 때로 프로테스탄트 같은 종파정당들이 수행한 역할을 기억해보자. 또한 그리스도교를 포함한 모든 종교가, 인도의 종교들이나 중국의 일부 종교를 제외하고는, 최고의 권위를 신의 몫으로 돌리기 때문에, 정도 차는 있지만 국민주권의 원리와 양립할 수 없는 도그마에 기반을 두고 있다는 사실에 주목해보자. 특히 지적하고 싶은 점은, 유럽만이 아니라 어디에서든 문화는 고정되어 있다는 생각이 잘못이라는 것이다. 문화는 끊임없이 움직이는 상황에 따라 변화한다. 문화는 만져볼 수 없는, 이미 주어진 것이 아니라는 말이다.

물론 아프리카, 이슬람, 동양 사회의 구성원들이 권력에 대해 지니는 태도는 서양에서와는 다르다. 이런 면에서 볼 때 어떤 사회가 고유하게 지니고 있는 개인관은 장소와 시대에 따라 각각 다른 모습을 띠게 된다. 개인관은 종교에 대한 여러 형태의 순종과 공동체와의 다양한 관계들로 특징지어지기 때문이다. 그러나 여기서 인도나 일본의 경우, 그리고 보통선거가 처음 시행되던 시기의 유럽의 상황을 다시 살펴볼 필요가 있다. 그 당시 유럽의 농부들은 유력자, 예를 들어 신부나 목사의 지도를 받으면서 무리를 지어 투표하곤 했고, 노동자들은 삶을 개선하기 위해 투표의 힘보다 대규모 폭동에 의지했으며, 프티 부르주아들은 변화를 두려워하면서 나태한 의회와 결별하고 싶어했다. 오늘날에도 여전히 영국, 덴마크, 노르웨이, 스웨덴, 그리고 스위스의 여러 주에는 사우디아라비아나 파키스탄처럼 국교가 있고 이 종교의 성직자들은 공무원 자격으로 급료를 받지만, 이 두 이슬람 국가에서처럼 종교가 강제적인 것은 아니다. 유럽과 북아메리카에서 민주주의가 태동했을 당시, 그때의 문화가 지니고 있던 여러 측면이 민주주의에 적합한 것은 아니었다. 세계의 다른 지역에서 이런 유형의 모순이 언제나 극복될 수 있다고 장담할 근거는 전혀 없다. 마찬가지로 이런 모순에서 생기는 긴장 역시 어떤 상황에서는 해소되지 않을 수도 있는 것이다.

절충식 민주주의란 가능한가

이런 조심스런 희망을 내놓을 때는 신중해야 한다. 빠른 시일 안에 전세계에 민주주의를 보편화시키려는 구상은 헛된 꿈에 불과하다. 적어도 민주주의라는 이름 아래 원래의 그것과는 정반대의 모습을 드러내고 있는 많은 정치체제를 민주주의로 간주할 생각이 없다면 말이다. 그러나 민주주의가 어떤 지역적 범위까지 실제로 확대될 수 있을지는 예측하기 어렵다. 민주주의의 확산 범위는 민주주의의 '필수불가결하지만 어려운' 전제조건들이 어느 정도로 갖추어져 있는가 하는 것보다는 오히려 상황적인 요소들에 달려 있으며, 이러한 상황적 요소에는 국민들의 의지가 큰 몫을 차지한다. 모든 것은 세계적인 경제상황, 교조주의를 부추기는 여건들, 그리고 민주주의 정치체제의 확립 여부가 국제단체에 가입하기 위해 반드시 갖춰야 할 조건으로 정해지는가 아닌가 하는 문제 등에 따라 결정되기 쉽다. 또한 권위주의적 정부가 무너진 자리에 국민주권이 실현되는 대신 무정부 상태가 초래된 국가들에서 국가의 권위가 다시 회복될 수 있는가 하는 문제도 관건이 된다.

세계 경제정세가 민주화에 어떤 영향을 끼치는가에 대해서는 말하기가 쉽지 않다. 라틴 아메리카의 민주화 작업들은 그리 유리하다고 할 수 없는 환경에서 이루어졌지만, 그렇다고 그 환경이 민주화에 심각한 장애가 된 것은 아니었다. 그 반면에 동아시아의 경우 지역 경제상황이 낙관적임에도 불구하고 오히려 몇몇 나라의 정치는 뒷걸음질쳤다. 아시아 지역경제의 활황과 더불어 한국이나 대만에서는 이미 상당한 수준의 민주화가 진행되었으나, 중국의 공산주의 독재와 인도네시아의 권위주의적 통치체제, 싱가포르의 독재정치는 그 나라의 경제발전으로 오히려 체제를 고수할 힘을 얻었다. 사하라 이남의 아프리카는 남아프리카공화국과 나이지리아를 제외하고는 세계 경기와는 상관없는 원인으로 최악의 상태에 빠져 방기되고 있다. 이런 점으로 볼 때, 이 지역에서 민주주의란 당장은 무엇인가를 보상받기 위한 분발이지만, 결국은 물질적인 문제들이나 인간적 삶의 기본적인 요건들을 해결할 능력이 없지 않은가 하고 묻지 않을 수 없다. 그래도 이러한 가정은 다음의 사실에 비하면 덜 유감스러운 편이다. 그것은 새로 등장한 민주적 지도자들이 국가의 재원은 더욱 빈약해졌음에도 불구하고 자신의 전임자였던 독재자들과 마찬가지로 자기 배를 불리는 일에 열심인 경우가 많다는 점이다. 그들은 그렇다고 치더라도 옛 공산권 국가들은 유럽 대륙에 자리잡고 있다는 지리적 이유로 이득을 보고 있다. 이들은 다른 지역의 민주화 희망국들에게 돌아가는 경제적인 원조보다 훨씬 대규모의 원조를 받고 있는 것이다. 그러므로 이들 국가는 상대적으로 큰 이점을 누리고 있는 셈이지만, 만일 민주화에 실패할 경우 그 책임을 모면할 수 없게 되었다.

다음으로 제기되는 것은 민주주의에 도전하고 있는 각종의 교조주의에 어떻게 대처할 것인가 하는 문제이다. 여기서 교조주의를 하나가 아닌 여러 가지로 보는 데는 그럴 만한 이유가 있다. 교조주의는 종교 분야에 국한된 것이 아니기 때문이다. 교조주의는 전세계 여러 곳에서 민족주의를 부추기고 있다. 공산주의가 붕괴한 이후 민족주의가 고개를 든 것은 독자적인 언어와 종교를 토대로 하는 분파주의가 의도적으로 유발되었기 때문이다. 또한 아프리카에서는 교조주의가 정치의 종족화(éthnicisation)라고 불리는 현상으로 나타나기도 한다. 하지만 그 뿌리가 어디에 있든간에 이러한 교조주의들은 본원적 정체성의 표현이라기보다는 권력을 획득하기 위한 전략의 산물이다. 그것은 서양에 대한 반감을 악용하는 집단동원의 상징체계로서, 특히 이슬람 원리주의 운동에서는 서양에 대한 증오감을 극단화시키고 있다. 그것은 또한 구소련이나 구유고슬라비아에서 그랬던 것처럼 공산주의 지도자들이 자신의 목적을 이루기 위해 가로채서 이용했던 민족주의적 방편이기도 하다. 이들은 자신에게 결여된 정통성을 메우기 위해 혁명의 명분은 내던지고, 이어서 배타적 성격의 새로운 명분을 내세운 영웅의 모습으로 등장했던 것이다. 사하라 이남의 아프리카는 폭군들에게 희생당한 지역이다. 독재자들은 그들의 원조국들이 은근히 요구한 민주주의의 논리를 왜곡시켰다. 민주주의는 다수의 의견을 따라야만 하는 것이므로 그들이 보기에 민주주의란 어떤 우세한 종족이―이때 우세한 종족이란 상황에 맞게 다시 꾸며낸 것이기 쉽다―절대적으로, 때로는 살육이라는 수단까지 동원하여 지배하는 것을 정당화해준다는 것이다. 심지어 극단적인 경우 참혹한 학살에 질린 원조국들이 지원을 중단하면, 이번에는 여러 인도주의 단체나 기관이 중재에 나서, 폭정에 동조하지도 못하면서 원조국들이 했던 지원을 계속 떠맡는다. 플라톤은 민주주의의 이면에는 폭군정치가 숨어 있다고 말했었다. 르완다나 세르비아는 이와 같은 경악스러운 사실이 실제로 일어날 수 있음을 보여주었다.

국제정치환경 역시 민주화 과정에 상당한 영향을 미친다. 지리적으로 서양에서 민주주의를 일찍 정착시킨 국가들의 바로 옆에 위치한 나라들은 어려운 변화의 시기에 이들로부터 도움을 받을 기회가 다른 지역보다 더 많았다. 라틴 아메리카나 중부 유럽 국가들도 이러한 이점을 누렸고, 20년 전에는 스페인과 그리스가 이런 경우였다. 문화적으로 가깝다는 사실도—실제로 가깝거나 혹은 가깝다고 추정되거나 간에—영향을 미친다. 가톨릭교를 믿는 필리핀에서 독재자 마르코스가 몰락한 경우도 그렇고, 식민지배자로서 서양이 저지른 과오를 대신 속죄하는 자리로 탈바꿈해버린 남아프리카공화국도 마찬가지다. 민주주의로의 이행 작업들이 성공하는 데는 지역적·문화적인 배경보다는 적절한 시기를 포착하는 것이 무엇보다 중요하다. 1960년에서 1970년 사이에 한동안 미국을 비롯한 서유럽 국가들이 어쩔 수 없이 외국의 독재정권들을 지원했던 때가 있었다. 그리고 아프리카에 대해서는 그 후까지도 지원이 이루어졌다. 이때 서구 국가들은 이들 독재정권을 민주주의로 변모시키려는 생각은 전혀 하지 않았다. 그러다가 서구 국가들은 전략을 바꾸어 인간의 권리를 우선시하는 정책을 썼다. 공산주의체제를 교란시키려는 이 전략은 일차적인 목적이 그것이었던만큼 독재정권들로 하여금 탄압을 어느 정도 자제하는 것만을 요구했다. 다행히 소련이 붕괴함으로써 곧이어 민주화의 시대가 열렸고, 이 민주화의 파장은 전세계로 확산되었다. 그러나 이러한 상황은 운좋은 일화였을 뿐, 채 2년도 지속되지 못했다. 그리하여 1992~1993년부터는 새로 등장한 현실정치에 자리를 내주고 말았다. 민주주의보다는 시장경제를 구축하는 일을 우선시하는 현실정치는 경제발전이 정치적 변화의 선행조건이라고 주장하는 학설로 사실상 회귀한 것이다.

어떤 통치체제가 국민주권의 원칙을 무시하더라도 지나치게 무리하지 않고 나름대로의 효율성을 보여준다면, 또한 과거 동서대립이 수행하던 조절효과가 사라지면서 함께 무너졌던 국제적인 힘의 균형을 회복하는 데 도움이 된다면, 오늘날 그 통치체제의 속성이 무엇인가 하는 문제는 다시금 아무래도 상관없는 일이 되었다. 비록 서구의 열강들은 이 사실을 인정하려 하지 않지만 말이다. 이러한 방향전환이 의미하는 바는 민주주의에 대한 포부가 현재 침체상태에 있으며, 이 침체기가 언제 끝날지 모른다는 것이다. 이제 우리 앞에 다가오는 관심사는 민주주의에 대한 것이라기보다 차라리 아프리카, 아시아, 그리고 구소련에서 떨어져나온 국가들에서 행해지는 범죄적인 정치를 고발하는 일이며, 아울러 이들 지역에서 통용되고 있는 국가의 개념 자체를 바로잡는 일이다. 그것은 말하자면 효율적인 국가권력이 존재하지 않게 된 국가에서 효율적인 국가권력의 단순한 복원이 자유체제의 수립보다 우선시되는 태도를 바꾸는 일이다.

이 마지막 관심사는 사실 모든 문제의 중심이지만 만족스러운 해결을 얻기가 어렵다. 국가란 과거 소련에서는 공산주의의 한 기구일 뿐이었다. 이런 혼동이 오래 지속되다보니 소련 국민은 국가를 거부했고, 국가는 그 역할을 공인

받지 못함으로써 무력해졌다. 국가가 무력해진 데는 지도자들의 책임도 크다. 이들은 국가를 사적인 목적에 이용함으로써 자유주의 논리를 우롱했다. 이와 동시에 이 지역에서의 국가는 그것이 성립되기 위한 필수조건, 즉 공간에 대한 배타적 지배권을 상실했다. 그 예로 구소련, 유고슬라비아, 체코슬로바키아는 국가의 실체를 구성하는 영토를 상실했고, 아르메니아나 아제르바이잔은 영토를 찾으려 하고 있는 것이다. 또한 아프리카에서는 국가에 충성해야 할 국민들이 국가를 외면하고 달아나고 있다. 그런 사태가 벌어지는 것은 종족에 대한 소속의식이나 종교적인 일체감이 식민통치가 물려준 정치적 연대라는 모호한 개념보다 더 중요하게 인식되는 아프리카의 특수 상황에도 원인이 있지만, 국가가 국민을 실제적으로 보호함으로써 자신의 권위를 정당화하기에는 국가권력이 보유하고 있는 권력행사의 수단들이 너무 미약하다는 점과 지도자들이 국가기구를 마치 자신들의 사유물처럼 왜곡하고 있다는 점에도 또 다른 원인이 있다.

이러한 현상은 역사적으로 볼 때 특히 동양에서 두드러졌던 것으로, 이론가들은 이러한 상황을 가리켜 권력의 세습재산화라고 부른다. 한때 동양에서는 술탄을 비롯한 통치권의 소유자들이 국가의 공공자산을 자신들이 개인적으로 상속받은 재산과 동일시했으며, 나라 안의 인적·물적 자산은 그들이 원하는 대로 소유할 수 있었다. 구소련 국가들과 적도 부근 아프리카, 그리고 중동의 국가들이 오늘날 처해 있는 상황도 바로 이와 같다. 이곳에서 모든 것을 지배하는 논리는 다시금 통치자의 개인적 이해에 따라 결정되고 있으며, 통치자와 피통치자가 의무와 책임을 서로 나누어 갖는다는, 적어도 묵시적인 계약은 국가의 통치에서 아무런 의미도 갖지 못하게 되었다. 그런데 통치자와 피통치자 간에 이루어진 이 계약이야말로 근대국가를 구성하는 황금률이다. 만일 과거 역사로부터 물려받은 통치관례에서 민주주의를 실현하기에 불리한 요소가 있을 때 이를 극복하지 못한다면, 민주화란 연극에 불과할 뿐이다.

민주주의 정치로 이행하는 경우 경제적·문화적 '전제조건들'이라는 극히 일반적인 요소들보다 훨씬 직접적인 장애가 되는 것이 바로 이같은 것들이다. 그러나 민주주의가 본래 태어난 서양이라는 땅을 벗어나서도 그 모습 그대로 수출될 수 있다고 생각하는 것 역시 허황하다. 민주주의가 처음 들어서서 수십 년간은 정치적 통합체로서 자리잡아가며 튼튼해져야 한다. 민주주의라는 정치적 통합체는 결국 민족적 일체감이라는 가상적 공동체일 수밖에 없다. 그런데 일체감을 이루고 거기에 소속되려는 욕구를 부추기는 것은 종교와 언어에서 서로 닮은꼴을 찾으려는 감정, 그리고 이론의 여지가 있는 용어이지만 굳이 쓰자면 종족적 공통점을 추구하는 감정이다. 이러한 공통점들은 마치 자명한 것처럼 느껴지는 것들로서, 흔히 민족주의적인 열정 속에서 숭고하게 치장된다. 그러나 민족주의적인 열정이란 시민권이라는 자유주의적 개념과는 양립할 수 없는 것이다. 당연한 것으로 받아들여지는 이러한 공통점들은 정당화되든 않든 간에, 많은 경우 사람들이 하나의 민주정부하에서 함께 살기를 염원하도록 만드는 동기가 되고 있다. 정치적 관계에 대한 해석이 분파주의적인 시각에 머무는 한, 사람들이 고대 그리스의 민주주의로부터 이끌어낼 수 있는 의미도 구성원들의 공통점에 기초한 단일한 정부라는 것에 머물고 만다. 그렇기 때문에 다원적 대의정치라는 추상적 원리를 오늘날까지 생소하게 여기는 국가들이 민주주의로 변모한다고 해서 단기간에 성과를 얻을 수 없다는 점은 자명하다. 이들의 민주주의는 민족주의나 포퓰리즘의 간판 아래에 있기 때문이다. 그러므로 앞으로의 문제는 이러한 논의에서 신중해야 한다는 것이다. 모든 일은 시간이 걸리게 마련이다. 민주주의체제하에서 살고 있다는 느낌은 곳에 따라 매우 다른 시각의 틀 속에 자리잡고 있어, 현재 서구인들이 보기에는 당혹스러울 수도 있다는 사실을 인정해야 한다. 그러나 그렇다고 그 시각들을 검토해보지도 않고 깎아내려서는 안될 일이다.

6
민주주의자가 되는 길

　　민주주의를 누리며 살고자 하는 열망은 정치적인 동기
부여로 이어질 때만 의미를 지닌다. 어떻게 하면 민주주의
를 지키고 누리는 시민이 될 수 있는가? 민주주의란 거기에
참여해서 어떤 역할을 수행할 능력이 있고 또 기꺼이 참여
하고 싶어하는, 나아가 국민주권의 확립이 가져올 결과의
중요성을 잘 아는 시민들이 없다면 존재할 수 없다는 것은
자명한 사실이다. 몇 가지 모범적인 행동준칙을 선언한다고
해서 민주주의자가 될 수는 없다. 중요한 것은, 우선 국민들
이 지닌 기대와 믿음이라는 불안정한 토대를 탐색하고, 오
래 되어 꿈에서 깨어난 민주주의체제에 이르기까지 내내 시
민들의 정치참여를 가로막는 장애들은 무엇인가를 알아내

는 일이다. 진정한 민주주의자의 모습은 어떠해야 할지에 대해 깊은 경멸감 없이 물음을 제기할 가능성은 이러한 토대 위에서만 그려진다.

이상형으로서의 시민

시민성(市民性)의 원형을 제시한다는 것은 오래 전에 민주주의를 확립한 국가들에서조차 어려운 일이다. 정당간의 경쟁이나 정치토론, 선거 등을 자연스럽게 받아들이는 데 익숙하고, 또한 적극적 지지자나 협력자로서 참여하는 데 익숙한 이들 국가의 '소속민'들 역시 자신들이 갖고 있는 시민으로서의 능력에 대해 바르게 인식하지 못하고 있다. 한편 역사적으로 볼 때도 이들 나라에서 민주주의 의식이 싹트는 데에는 오랜 시간이 필요했다. 흔히 유럽에서는 한 나라에서 보통선거가 최초로 이루어진 몇십 년간은 국민들이 선거에서 집단적으로 기권하는 특징적인 모습을 보여주었다. 이들은 투표에 별 관심이 없었다. 투표가 왜 필요한지를 거의 인식하지 못하고 있었기 때문이다. 거기에는 상반되는 두 가지 이유가 작용하고 있었다. 어떤 사람들은 보수적 성향 때문에 선거에 무관심했고, 또 어떤 사람들은 자신들의 의사를 투표를 통해 표현하는 것이 정말로 가능할까를 의심하고 있었다. 게다가 서유럽과 미국에서는 민주주의에 대한 요구 수준이 저하되는 현상이 나타나고 있다. 민주사회들이 훌륭한 정부를 갖기를 열망한다는 의미는 권위주의뿐만 아니라 국가의 지나친 간섭도 거부한다는 것이다. 그러나 민주사회에서 사람들이 가장 바라는 것은 통치자들이 사회를 조용히 내버려두는 것, 통치자들이 사회의 안정과 평화를 보장하는 것이다. 사회의 안정과 평화야말로 개인이 각자의 이익을 지키는 기반이기 때문이다. 이와 같은 추세는 대의정부가 권한을 위임받았다는 논리를 전제하고 있는만큼 정당하다고 할 수 있다. 그러나 이런 추세로는 능동적인 정치 참여를 이끌어낼 수 없다. 그렇게 되면 민주주의의 정당성은 그에 대한 찬성표가 많아서가 아니라 반대표가 모자란 결과로 얻어지게 되기 때문이다. 그렇게 생겨난 정당성이란 다수가 수동적으로 동의한 데서 나온 것이지 민주주의의 가치에 적극 동조해서 나온 결과가 아니다. 그런데도 상황은 마치 민주주의란 그 주장하는 바를 줄여야만 이상적으로 유지될 수 있다는 견해가 절대적인 것처럼 전개되고 있다. 하지만 이러한 사고방식은 다른 장애물들과 싸우며 애써 민주주의를 정착시키려 하는 곳에서는 도움이 되지 않는다. 시민정신이 발전하기 위해서는 민주주의가 요청하는 것들을 영감의 원천으로 삼아 발상의 전환을 이루어야 하는데, 이런 사고방식을 고수하는 한 그것이 불가능하기 때문이다.

특히 공산주의체제로부터 빠져나온 국가들은 가치관의 심각한 위기로 초래된 일종의 아노미 현상을 겪고 있다. 이와 같은 현상은 부분적으로 다음과 같은 사실에도 기인한다. 즉 이들 국가에서 혁명은 루마니아를 제외하고는 대체로 과격한 사태 없이 순조롭게 이루어졌기 때문에 국민 대다수가 혁명을 위한 투쟁에 참가할 기회가 없었다는 것이다. 동구권의 변화는 두 엘리트 집단간의 경쟁이 빚어낸 것이라고 말할 수 있다. 한쪽 집단은 이미 자리를 차지하고 있었고, 다른 한편은 그 자리를 탐내서 앞서 자리를 차지한 쪽을 밀어내려고 했던 것이다. 그 반면에 일반 국민들은 빈곤한 생활여건에 지쳐 있었다. 서구 세계와의 왕래는 금지되어 있었으나, 이들은 자신들의 문화적인 협소함에 싫증을 내고 서구 소비사회를 동경하며 모방하려 했다. 동구권 국가의 국민들은 민주주의를 요구한다는 것을 이와 같은 금지된 즐거움에 접한다는 것과 대체로 혼동하고 있었다. 그 나머지 부분, 즉 민주주의의 정치적 차원으로 말하자면 억압받는 계층을 제외하고는 큰 기대를 불러일으키지 못했다. 오늘날 동구 국가들 가운데 정말로 민주주의자의 자격을 얻고 싶어 하는 곳이 있을까? 오히려 그들은 지리 뮈질(Jiri Musil)이 '네오코포라티스트'(néo-corporatiste) 체제라고 부르는 정치체제─국민주권의 원칙과 정당간의 경쟁이 아니라 국가, 노동조합, 고용주 사이의 지시경제적(dirigiste) 방식의 협조에 토대를 둔 체제─를 기대하고 있는 것은 아닌가? 아니면 이들 국가는 자신들의 일상화된 빈곤을 잊게 해주는 슬로건을 내걸면서 등장하는 민족주의적 지도자들에게 즉각 환호할 태세가 되어 있는 것은 아닌가?

시민정신을 교육하거나 새롭게 부활시키는 일은 라틴 아메리카나 아프리카, 이슬람 세계, 기타 다른 지역에서도 역시 큰 문제이다. 라틴 아메리카에서는 과거의 그릇된 관행들, 즉 부정선거, 폭력, 예속적인 지지 등으로 손상된 민주주의의 정당성을 재정립해야 할 필요성이 대두되고 있다. 아프리카 대륙은 경제와 사회면에서 손을 쓸 수 없이 방기되어 있는 상황을 어떻게 헤쳐나갈 것인가 하는 문제로 고난을 겪을 수밖에 없다. 그런데 종교적 근본주의나 종족간의 분열이라는 문제에 봉착해 아프리카 대륙을 더욱 곤경에 빠뜨리는 어려움이 또 한 가지 있다. 그것은 이곳의 민주주의가 구식민지배자들이 주입한 가치체계의 부산물이라는 사실이다. 그러므로 아프리카인들이 해결해야 할 문제는 단지 민주주의라는 수입품을 이 지역 고유의 감수성과 정서에 융화시키거나 자신들에게 맞게 수정한 다양한 형태의 민주주의를 개화시키는 것만이 아니다. 중요한 문제는 희망의 민주주의를 마치 서양의 마술처럼 그들 앞에 제시하는 무책임한 자들의 말에 현혹되지 않는 것이다.

이론적 검토

이제 살펴볼 민주주의의 마지막 암초는 지금까지와 같은 논의로는 해결될 수 없는 범주에 속한다. 민주주의의 대의를 지지하는 사람들이라면 빈곤한 국가들에서 시민권이 담을 수 있는 실질적인 내용을 다루는 데 신중해야만 한다. 경제 부국과 빈국 간의 충돌로 생긴 생생한 상처가 아물기만을 막연히 기대할 수는 없기 때문이다.

이론가들은 민주주의의 시민권을 구성하는 요소들과 그것을 분석하는 여러 층위를 제시하고 있다. 물론 이때의 시민권이란 순수한 의미로 이해된 경우이다. 이론가들이 말하는 민주주의의 시민권은 우선 일련의 정치적인, 그리고 요즘에 들어와서는 사회적인 영역까지 포함한 권리로 구성되어 있다. 이 권리들은 국가에 의해 부여되거나 국가에 맞서서 쟁취한 것이다. 적어도 이상적인 차원에서 봤을 때 시민권이란 그것의 권리에 대응하는 책임이나 의무에 기초하고 있으며, 이러한 책임이나 의무에 내포된 의미는 무엇보다도 시민이 그것을 실제로 이행해야 한다는 데 있다. 끝으로 시민권이란 다음과 같은 두 가지 신념의 결합에 근거하지 않는 한 표면적인 것에 머물 뿐이다. 그 신념 가운데 한 가지는 개인적 이익이란 공동의 이익에 양보해야 한다는 것으로, 이 경우 요구되는 양보의 정도는 여러 정치적 입장에 따라 실제로 변할 수 있다. 또 하나의 신념은 다양한 관점과 이해가 낳는 갈등이란 사회의 결속을 침해하는 까닭에 비난받을 만한 것이 아니라, 대의정치체제를 운영하는 데 필수적인 기반이 된다는 믿음이다. 여기에 덧붙여서 지적할 점은, 피통치자들은 시민의 책임에 의거해서 어떤 개인적 희생을 감수해야만 하는 반면, 통치자들은 국가가 자신의 사유물이 아니라는 사실을 반드시 명심해야 한다는 것이다. 즉 통치자들은 권력을 세습재산으로 보아서는 안된다.

이러한 이론적 고찰은 끝없는 논의를 낳는다. 시민권을 바라보는 시각은 최고주권의 보유자를 누구로 볼 것이냐는 본질적인 문제에서 두 가지의 상반되는 철학체계로 갈라진다. 첫번째는 특히 프랑스에서 통용되는 시민권 개념으로서, 절대군주제의 이론가들이 취했던 것과 같은 입장이다. 즉 시민권을 피통치자들과 군주 혹은 국가가 맺은 상호책임에 대한 무언의 계약으로 보는 것이다. 이때 군주나 국가는 피통치자들을 보호하고, 그 대가로 피통치자들은 군주나 국가에 복종해야 한다. 이렇게 볼 때 일반 국민에게 돌아가는 주권의 몫이란 겨우 생색이나 낼 정도에 불과하다. 따라서 일반 국민은 아무리 시민이라는 명예로운 지위로 치장되더라도 근본적으로 신민(臣民)의 자리에 머문다. 반면 시민권에 대한 두번째 개념은 군주는 사회보다 위에 있고 모든 국민은 군주에게 예속된다는 위의 주장에 반대한다. 이 두번째 개념은 독일과 스위스에 전통적으로 내려오는 시민정신(Bürgersbildung: 중세 자유도시들이 누리던 자치권에서 파생된 정치적 감수성)이라는 관점에 자리잡은 한편, 시에예스(Sieyès)와 로베스피에르(Robespierre)로부터 물려받은 프랑스 대혁명 전통에도 뿌리내리고 있다. 여기서는 민주적 시민권이 무엇보다도 개개인들이 품고 있는 의식, 즉 집단을 이룬 그들 스스로가 주권의 유일한 보유자라는 의식 속에서 표현된다고 주장한다. 주권의 유일한 보유자인 집단적 개인은 국가보다 우월한 군주인 셈이며, 국가는 이들 개인에게 봉사하기 위한 하나의 수단일 뿐이다. 따라서 시민권은 원래 이들이 고유하게 갖고 있는 것이라는 결론이 나온다. 물론 시민권이란 국가에 의해 확인받을 수는 있지만, 수여되거나 양도되지는 않는다. 본래부터 국가의 것이 아닌 것을 누구에게 줄 수는 없기 때문이다.

신생 민주주의 국가들에서는 국민들로 하여금 정치적 의사결정에 '참여'하도록 함으로써 국민들에게 그들 스스로 보유한 권력의 근본적 정당성을 확인시키는 것이 중요하다. 그러므로 신생 민주주의 국가에서 영향력을 보일 수 있는 것은 위에서 말한 시민권의 개념 가운데 두번째 것뿐이라고 말할 수 있다. 반면에 시민권을 지나치게 계약적인 입장에서 해석하는 태도는 시민을 국가에 대해서, 비록 공화국으로 규정되어 있다고 할지라도 여전히 존엄성을 부여받는 국가에 대해서 순종적인 태도 안에 묶어놓을 위험이 크다.

실제적 검토

지금까지는 원칙적인 문제를 살펴보았다. 그렇다면 현재 신생 민주주의체제들 앞에 놓인 실제적인 문제는 어떤 것들인가? 신생 민주주의 국가에서 시민권이란 물론 '정치적 기본소양 갖추기' 즉 역사에 대한, 그리고 각 개인을 둘러싼 주변 상황에 대한 최소한의 지식들을 기초로 하여 구성되어야 한다. 아직 성숙하지 못한 시민은 외부세계를 향해 눈을 열어야 하며, 스스로를 자신에게 친숙한 좁은 세계에 한정시켜서는 안된다. 그리고 지금까지 있어왔던 일은 앞으로도 계속 그러하리라는 입장에서 과거를 시금석으로 삼아야 한다. 유럽에서는 흔히 '맹목적인 애향심'이 야유의 대상이 되곤 하는데, 언제나 문제를 일으키는 것은 이러한 맹목적 애향심이다. 자신이 속한 공동체에 파묻혀 배타성을 드러내는 태도가 시민의 탄생을 방해하는 것이다.

시민권을 정립하기 위해 두번째로 요구되는 사항은 진정한 민주주의의 행동규범들을 습득하는 것이다. 더 정확히 말해, 시민은 권리를 갖는 동시에 책임도 져야 하며, 책임을 성실하고 합리적인 방식으로 이행해야 한다는 이야기를 되풀이하는 것이 문제가 아니라는 사실이다. 시민이 실제 논의에 참여하거나 참여하지 않는 것만으로는 충분하지 않다. 시민으로서 합당하게 행동하기 위해서는 수용 가능한 규범만을 준수하고, 번영을 추구하는 데에도 혼자만이 아닌 다른 사람들과의 연대감을 간직하며, 불가능한 것을 통치자들에게 요구하지 않으며, 국가가 개개인에게 혜택을 주는 주체라고는 생각하지 말아야 한다. 여기서 벗어나는 행동은 특히 '가난한 민주주의 국가들'에서 위협이 된다. 이런 국가들에서는 공인된 사회적 역할이나 지위, 직업을 갖춘 시민과 글자 그대로 투표권만을 지닌 시민 이전(以前) 단계의 대중 사이에 간극이 존재한다. 브라질에서 그러한 예를 볼 수 있는데, 이 경우 시민이 보기에 대중은 우려할 만한 존재이며, 반면 시민들보다 숫자상으로 더 많은 대중 자신들도 빈곤에서 단번에 벗어나려는 생각을 자제하는 사람들과 그런 불가능한 기적을 꿈꾸는 사람들로 양분되어 있다. 이런 점에서 볼 때, 시민권의 정착을 단지 사회 기층부에서 이루어져야 할 과제로 생각해서는 안된다. 불평등한 이원적 사회를 구성하는 다양한 계층의 구성원들 속에서 시민권의 발전이 이룩되어야 한다는 차원에서 이 문제가 다루어져야 한다. 시민권이 뿌리내리도록 하는 문제는 또한 저개발 국가 지도자들의 자질과도 관련되어 있다. 이들은 민주주의 특히 사회민주주의의 이상을 유일하게 진보적이고 정당한 것으로 인정하고 지지함으로써 빈번히 선동적 우민정치에 빠지곤 한다. 이들은 사회민주주의를 주창한 다음, 포퓰리스트의 색채를 계속해서 강화해 나가는데, 이러한 방식은 정치토론의 역사가 없는 기층민들을 합리적인 정치토론에 익숙하게 만들기는커녕 결국 이전보다 더욱 정치와 멀어지게 만든다.

시민권의 정립을 위해 마지막으로 지적할 것은 민주주의적 관용(tolérance démocratique)을 지녀야 한다는 점이다. 선거로 뒷받침된 다수파의 지배가 여러 소수파를 말살하기에 이른 구유고슬라비아, 코카서스 혹은 중앙아프리카의 동부지역이 보여준 비극은 민주주의적 관용이 얼마나 중요한가를 입증한다. 그러나 이보다 덜 극단적인 상황들에서조차 관용이라는 말은 흔히 진정한 관용과는 거리가 먼 태도를 가리킨다. 그때의 관용이란 같은 국적을 가졌어도 여전히 이방인처럼 느껴지는 다른 집단들과 마지못해 동거하지만 여전히 거리를 두겠다는 의미이기 때문이다. 서유럽과 북아메리카에서 가톨릭 교도들과 프로테스탄트 교도들이 과거 서로간에 보여주었던 종교적 관용이 바로 이러한 유형이다. 종족, 언어, 정치에 관련된 분야에서와 마찬가지로 종교분야에서도 이러한 유형의 관용은 여전히 세계 대부분의 지역에서 행해지고 있다. 여러 집단들이 서로 이웃하여 살고 있다. 물론 최선의 상황에서야 서로 죽일 일이 없지만, 그러나 그들은 서로를 모르고, 서로 무시하거나 혐오하기까지 한다. 관용이란 이러한 것이 아니다. 이것은 일시적인 비교전(非交戰)상태일 뿐이다. 민주사회의 관용을 정의하기 위해서는 민주사회에서는 갈등을 수용하는 일이 가장 중요하다는 점을 강조할 필요가 있다. 민주사회에서 갈등은 다원주의나 자유로 인해 파생되는 자연스러운 현상이며, 발전의 원동력인 변화를 끊임없이 만들어내는 요소인 것이다. 대부분의 사회에서는 이러한 갈등을 여전히 용인할 수 없는 현상으로 여기고 있다. 그러나 민주주의적 관용이란 이러한 갈등을 수용 가능한 것으로 돌리고 심각하게 여기지 않는 태도, 자신의 견해를 지키면서도 타인을 받아들일 것을 설득하는 태도, 요컨대, 정치·문화·경제·사회에서의 혁신으로 빚어진 차이는 있지만 타인 역시 시민으로서의 기본권을 가지고 있음을 인정하는 태도를 말한다.

민주주의 수련의 전제조건

이상의 검토는 불완전하지만 다음과 같은 사실을 보여준다. 즉 형식적 의미의 공민교육이란 시민권을 습득하고 누리도록 가르치는 주요 수단이 될 수 없다는 점이다. 이 경우 우려되는 문제는 혹시 민주주의의 '교육자'들이 공부가 다 끝나서야 도착하는 것은 아닌가 하는 점이다. 마치 운전학원에서 연습생이 이미 핸들을 잡은 다음에야 교습원들이 달려오듯이 말이다.

그렇다고 해서 미리 포기하는 태도는 옳지 못하다. 운전학원에 대한 우스갯소리를 뒤집어 생각해보면 문제를 좀더 여유를 갖고 바라볼 수 있을 것이다. 이 에피소드에서 두 가지 해석을 이끌어낼 수 있다. 첫째는 교습원의 설명을 듣지 않고 새로운 연습을 시도한 연습생이 있다는 것이다. 둘째는 좀더 마음놓이는 해석인데, 사람이란 어쩔 수 없는 상황에 처해 누군가의 도움 없이 해낼 수밖에 없는 경우가 되면 스스로 깨우칠 수 있다는 사실이다. 민주주의 정신이 습득되는 것이긴 해도 이처럼 사람들이 스스로 깨우칠 수 없다면 시민들이 민주주의에 대해 사소한 것들까지 모두 알아야만 민주주의가 발전할 수 있을 것이므로 우리로서는 낙심하지 않을 수 없다. 사실상 민주주의를 가르치는 데에 주가 되는 것은 민주주의를 실천해보는 일이다.

훈화적 교육을 지나치게 신뢰하면 실망하기 쉽다는 점을 생각해야 한다. 교사들은 학생들을 언제까지나 자신들의 감독하에 두고, 학생들이 지니고 있는 본래적 성향은 전혀 고려하지 않는 계몽군주 같은 태도를 취하는 경향이 있다. 반면에 현장교육은 언제나 자율적 시민으로서의 소양을 배우는 정규과정이 되어왔다. 유럽과 북아메리카에서 유권자들이 권세가들의 영향력에서 혹은 정파의 선거기구라는 굴레에서 빠져나오기 시작한 것은 그들이 실제 선거를 통해 그 같은 불리한 상황에서 벗어날 수 있음을 발견하고 난 다음부터였다. 그들은 자신들이 한 장의 투표권을 행사함으로써 유력자들로부터 정치적인 기반을 빼앗을 수 있음을 확인한 이후에 더욱 진지한 태도로 투표에 참여하기 시작했다. 그때까지 유력자들은 자신들의 정치적 기반을 마치 상속재산처럼 보유해왔던 것이다. 그 후 일반 유권자들은 자신들의 힘으로 마음에 드는 정당이 생겨나게 할 수도 있음을 확인했다. 유럽인들이 부르주아들의 정치제도라고 여겨 오랫동안 거리감을 느껴왔던 민주주의에 동조하게 된 것은 이러한 경험 덕분이었다. 그 시기는 특히 그들이 사회적인 혜택을 받기 시작한 때부터였는데, 이러한 사회적 혜택은 그들의 힘으로 탄생시킨 새로운 정파들이 권력을 잡은 데도 기인하지만, 또한 보수집단들이 방어차원에서 취한 사회적 대비책에 따른 결실이기도 했다.

사정은 지금도 달라지지 않았다. 민주주의는 그것이 대중의 삶을 향상시키는 데 확실히 뛰어나다는 점을 입증할 때에만 사람들의 지지를 얻을 수 있다. 그렇다고는 해도 민주주의 수련에는 역시 무시할 수 없는 전제조건이 있다. 그 전제조건이란 민주주의를 실천함으로써 한 나라의 국민들이 얻는 '결과'가 진정한 것이어야 한다는 점, 우선적으로는 민주주의를 누구도 이의를 제기하지 않을 만큼 올바른 형태로 바로잡아야 한다는 점이다. 시민은 유권자로서의 자기 역할이 누군가 미리 결정한 선택을 추인하는 것일 뿐이라고 생각하지 않을 때 비로소 스스로 완전한 의미의 시민이 되었다고 확신할 수 있는 것이다. 이와 같은 변화의 과정은 라틴 아메리카와 중부·동부 유럽의 상당수 국가들에서는 이미 시작되었다. 다른 지역에서인들 왜 그렇게 되지 못하겠는가?

결론―벼랑길을 가는 민주주의

한 권의 책을 읽고 거기서 어떤 결론을 이끌어내는 것은 독자의 몫이겠지만, 그렇다고 저자로서도 나름대로 결론을 제시하지 않을 수 없다. 지금까지 논의했던 것에 무엇을 덧붙일 수 있겠는가? 민주화의 물결은 마치 바다의 조수처럼 밀물과 썰물이 있다는 사실을 환기시킨다면 잔인한 처사일 테고, 차라리 자진해서 이렇게 믿는 것이 낫겠다. 민주화의 물결이 이런 시계추 같은 왕복운동에서 벗어나고 있다고 말이다. 그런 신념하에 민주화에 대한 네 가지 견해를 결론삼아 밝히려고 한다. 이 견해들은 민주화를 전망하는 우리에게 한결 위안이 되리라고 생각한다.

첫번째로 이야기할 것은 한 국가, 한 사회의 민주화 작업을 이끌어가는 것이 표면적으로는 한 국민의 열광이나 자유의 이상에 투신한 민주화 선도자들의 투쟁뿐인 것처럼 보이지만―물론 늘 그런 것도 아니다―실제로 민주화 과정을 더 크게 좌우하는 것은 흔히 초기단계에서 기회주의자들이 행하는 이해타산과 거기서 나온 방향전환이라는 점이다. 사실, 신생 민주주의 국가들은 혼돈스러운 맥락에서 탄생한다. 그것은 미지의 기준점들을 찾아나가면서 지금까지의 관습이나 복잡하게 얽힌 관계들과 결별하는 과정이지만, 사람들은 이러한 관습과 관계들은 단지 처음 몇 달 동안만 부정할 뿐 금세 다시 아쉬워하게 된다. 지금부터 한 세기만 거슬러 올라가더라도 유럽인들 대부분은 자신들이 민주주의를 만들어가고 있다는 사실을 몰랐다. 그 때문에 유럽인들은 민주주의의 점진적 발전에 위험요소가 되는 조바심을 내지 않고도 이후 민주주의의 혜택을 누렸다. 반면에 지금 저개발 국가나 구공산권 국가의 국민들은 민주주의를 사전예고도 없이 받아들이고 있다. 이들에게 민주주의란 자신들이 기대하고 또 절실히 필요로 하는 행복을 약속해주는 것이다. 그러므로 역설적으로 말해서 오늘날 진행되는 민주화 작업의 결과들 가운데 가장 확실하게 예측할 수 있는 것이 바로 환멸이다. 이러한 환멸은 단기적으로 보아 민주주의에 위협이 된다. 갓 태어난 민주주의체제가 그 체제의 탄생에 별로 기여한 것이 없는 대중들에게 물질적인 만족을 즉시 제공하지 못할 경우 이런 위협에 맞닥뜨리게 된다.

이러한 조건에서 민주주의를 확고히 뿌리내리는 일은

무엇보다도 상반된 두 가지 요인에 달려 있다. 하나는 속도
의 문제, 즉 경제적 개혁이 국민들이 직접 느낄 수 있을 만
한 혜택을 얼마나 빠른 시간 안에 가져오는가 하는 점이다.
다른 하나는 증명의 문제, 즉 민주주의가 이미 얻은 이득을
다른 어떤 체제보다도 더 확실히 보호한다는 사실을 새로운
체제를 통해 실제로 보여주는 일이다. 이러한 현상은 러시
아의 예에서 확연히 드러난다. 사실 당연한 일이지만, 러시
아에서 민주주의가 어떤 딜레마 없이 정당화될 수 있으려면
다음과 같은 조건이 충족되어야 할 것이다. 일상생활에서
러시아인들이 거래를 통해 손해를 보았다는 느낌을 더 이상
갖지 않아야만 하고, 또한 자신들의 이득을 위해 집단경제
체제의 기업들을 '사유화'해서 부유해진 패거리들이 진정한
법치국가야말로 자기네들이 수상쩍은 방식으로 손에 넣은
지위와 부를 보호하는 데에도 가장 적합하다는 점을 깨달아
야만 하는 것이다.

두번째로 생각해보아야 할 것은 베를린 장벽이 무너진
뒤로 민주화와 시장경제 사이에 형성된 상호의존 관계이다.
이 문제는 분명하게 짚어둘 필요가 있다. 물론 민주주의의
수련은 집단적 소유형태와 양립할 수 없다. 그런데 집단적
소유와 병행되어온 통제경제는 침체를 불러왔을 뿐이고, 사
회로부터 물적 자원을 박탈함으로써 자유를 추구할 물질적

기력을 소진시켰다. 그러나 사유재산제도의 확립이 생산수단과 교환수단을 보장함으로써 민주주의가 실제로 발전할 수 있는 전제조건이 된다고 해도, 이러한 사실로 인해 시장의 논리가 하나의 도그마처럼 해석되어서는 안된다. 그런 해석 태도 역시 '근본주의적'이라고 말할 수 있기 때문이다. 시장경제를 도입한다고 해서 극단적 자유주의 경제이론의 입장을, 즉 경제분야에서 국가가 전혀 개입하지 않고 구체제로부터 물려받은 공기업이나 공적인 기구들을 철저히 해체해야 한다는 주장을 반드시 받아들여야 하는 것은 아니다. 오히려 몇 년 전 공산주의체제로부터 벗어난 많은 국가들에서 시행되었던 급격한 경제개혁정책들, 말하자면 치료를 위한 '충격요법'은 민주화 실행자들이 예상하지 못했던 어긋난 효과를 낳았다. 예를 들면 폴란드에서는 이와 같은 유형의 조치가 국민들에게 심한 충격을 주어, 급기야 국민들은 자유선거를 통해 공산주의자들을 다시 권력에 복귀시켰다. 시야를 좀더 넓혀보면 헝가리, 불가리아, 리투아니아, 러시아에서도 공산주의자들이 다시 정치일선에 등장하고 있음을 볼 수 있는데, 이러한 현상은 급격한 경제개혁이 낳은 반작용들인 것이다.

민주주의를 일찍 정착시킨 나라들에서도 국가가 간섭해서 시장의 작용을 조절해왔다는 사실을 잊지 말아야 한다.

1945년 이후로 프랑스나 영국이 그러한 예를 충분히 보여주지 않았던가? 사실 서유럽의 민주주의는 자유주의적인 것만은 아니었다. 그것은 복합적인 장치로 변모했는데, 그 속에서는 자유경제 메커니즘, 시장의 법칙과 가장 유능한 소수의 법칙이 복지국가의 평형추 역할에 의해 균형을 이룰 수 있었다. 복지국가란 바로 이와 같은 메커니즘으로 인해 불이익이 초래되는 일이 없도록 하기 위한 정치적 개입의 한 양식이었다.

세번째로 이야기할 내용은 지금도 세계 여러 곳에서 진행되고 있는 민주화 작업을 서양인들이 언짢은 기분으로 바라보는 데 대한 경계심에서 나온 것이다. 오랜 세월에 걸쳐 숱한 시행착오를 통해 단련된 민주주의체제의 시민인 서양인들은 현재 자유의 길을 발견하고자 애쓰는 사회들이 겪고 있는 변화를 바라보면서 그들에 대한 무분별한 비관론에 사로잡혀 있다. 그런데 이런 태도는 서양인들이 1989년에서 1991년 사이에 빠져들었던 근거 없는 낙관론이나 마찬가지로 정당화될 수 없다. 그 낙관론은 민주주의가 거침없이 퍼져나가리라고 믿게 만들지 않았던가. 문제는 또한 다음과 같이 생각하는 데에도 있다. 그것은 민주화가 순식간에 전 세계적인 규모로 전파될 수 있으리라는 것인데, 이런 생각은 한번도 사실로 입증된 적이 없다. 과거에 민주화는 점진적인 방식으로 부단히 이루어져왔다. 민주주의가 밟아온 과정을 보면 앞을 향한 전진은 언제나 한계를 정해두고 있었고, 후퇴할 때도 보통의 경우에는 다행히도 일시적인 후퇴였다. 1989~1990년 공산주의로부터의 대해방이 이루어지고 난 뒤, 사람들은 과거와 같은 점진적인 방식을 더이상 원하지 않는 것 같았다. 그러나 그것은 사정을 너무나 단순하게 보는 태도로, 세계는 그 어느 때보다도 복잡하게 얽혀 있다는 사실을 무시한 것이었다. 민주화라는 말이 아무리 근사하게 들린다고 하더라도, 그 말만으로는 그것이 의미하는 변화를 현실적으로 이루어낼 수 없는 노릇이다.

실제로 이와 같은 단순화된 시각에서 벗어나 상황을 살펴보면 민주정부의 활동영역이 지금처럼 확대된 적이 없었다는 사실을 알 수 있다. 라틴 아메리카의 대부분의 국가와 상당한 발전을 이룩한 동아시아 국가들, 그리고 구공산권 국가들 가운데 그 전부는 아니더라도 적어도 중부 유럽 국가들에 한해서는 그렇다. 더욱이 이들 국가에서는 더욱 합리적이고 책임감 있는 시민정신이 빠르게 성장하고 있는데, 그것은 효율성 있는 정부보다는 국민들의 높은 정치의식 덕분이다. 예를 들어 칠레나 폴란드에서는 불과 몇 년 사이에 유권자들이 마음 내키는 대로 표를 던지는 대신 자신의 투표가 가져올 결과를 신중히 계산하게 되었다. 그렇다고 모든 문제가 해결된 것은 결코 아니다. 특히 민족, 종족, 종교 갈등에서 오는 대치상황이 큰 걸림돌로 등장하고 있다. 이 때문에 온 국민이 민주주의를 중심으로 모이지 못하는 것이다. 하지만 20년 전에는 국제연합 회원국의 불과 5분의 1만이 제대로 된 민주화의 길로 나아가고 있었으나, 지금은 회원국 대부분이 제 길을 밟고 있다.

마지막으로 말하고 싶은 것도 이와 관련된 문제이다. 그렇다면 과연 우리는 민주주의체제가 전례 없이 널리 확산되고, 그러한 확산이 20세기의 마지막을 장식하는 특징적 현상이 되고 있다는 사실에 만족해야 할 것인가? 의지 표명이나 성문화된 정체 및 법을 인정하는 것으로 충분할 것인가? 통계적 조사결과에 불과한 것을 국민주권의 진정한 표현과 혼동할 위험은 없는가? 이러한 위험은 1945년 이후 라틴 아메리카에서 이미 드러났고, 안타까운 일이지만 오늘날까지도 사하라 이남의 아프리카나 루마니아, 구소련에서 독립해 나온 공화국들의 대부분에 여전히 남아 있다. 분명한 사실은 이들 나라에서 야당이 반대 의사를 표명하려면 엄청난 고통을 겪는다는 것이다.

그러나 이와 함께 지적하고 싶은 것은 이제 틀을 잡아가고 있는 민주주의체제들이 감당할 만한 능력에 비추어볼 때, 이러한 규범적 잘못을 단호히 바로잡으려 드는 태도는 잘못

이라는 점이다. 그들이 지금 취하고 있는 방편들보다는 그
들이 미래를 위해 간직해둔 약속들을 더욱 중요하게 생각하
는 것이 그들을 대할 때 서양인들이 취해야 할 옳은 태도이
다. 또한 선진 민주주의 국가가 수립된 토양과는 다른 토양
에서 태어난 통치체제들을 평가하는 서양인들의 기준이 상
대적이라는 점을 인정하고 신중해야 한다. 더구나 지나치게
엄격한 참관인들이 잊기 쉬운 사실이 있다. 인간이 품는 열
망이란 언제나 양면적이라서, 권력에 맞서 자율을 갈망하면
서 반대로 안전을 지키기 위해 비싼 대가를 치르고라도 국
가의 보호를 받으려 한다는 점이다. 민주주의는 국민이 억
압에서 풀려나 정치의식을 갖추는 쪽으로 가게 하는 세찬
충동과, 국민의 복종을 유지시키는 불안감, 이 둘 사이로 난
벼랑길을 아슬아슬하게 가고 있는 것이다.

해설

·

우리시대 민주주의론의
지평과 함정

해설

우리시대 민주주의론의 지평과 함정

강문구(경남대 정치외교학과 교수)

주관적 시간대 속에서 너무나 길게 느껴졌던 냉전시대는 이제 옛날이 되었다. 결코 쉽게 끝나지 않고 또 그렇게 될 것 같지도 않던 자본주의와 반(反) 혹은 비판 자본주의 간의 갈등은 희석되고 심지어 희화화되고 있다. 자본주의의 승리와 등치되는 역사의 필연(?)으로 가는 길목에서 스쳐지나가는 마르크스주의류의 비판은 애시당초 별 의미가 있을 수 없었다는 식이다. 니체, 헤겔, 코제브 철학에 근거하여 이른바 자유민주주의의 필연적 경로를 설명하는 프랜시스 후쿠야마(Francis Fukuyama)나, 전세계에 걸친 마르크스주의의 외양을 띤 유토피아 사상의 폐해를 백과사전식으로 정리하고 있는 장 프랑수아 르벨(Jean-François Revel)의 『민주주의의 딜레마』(*Democracy Against Itself*)만을 참조해도 충분하다.

이런 와중에 민주주의 즉 자유민주주의의 모델이 슬며시, 아니 의기양양하게 들어앉았다. 자본주의와 상호보완되고 또 엄청난 상승효과를 가지는 것으로 전제된 민주주의, 바야흐로 민주주의의 시대이다. 이 시대에서 살아남으려는 어떤 사상도 이 민주주의에 경의를 표하지 않으면 안된다. 그것을 담아내고 틀짓고 제약하는 자본주의 체제에 대해 언급하는 것도 쉽게 용납되지 않는다. 이 자유민주주의의 허구와 한계를 논하는 민주주의 논의의 길은 여러 군데에서 차단되어 있는 형편이다. 문제만 제기하고 그리하여 세상의 개량에 도움이 되지 않은 것으로 판명된 민주주의 논의는 배제되고, 현실의 벽을 잘 아는 체제 내의 온건한 민주주의 논의만 의제로 채택된다.

시대에 구속되지 않는 철학적 논의가 있을 수도 있다. 하지만 이와 무관하거나 자유로운 사회과학적 논의는 주요 의미를 가질 수도, 또 바람직해보이지도 않는다. 그러나 그 논의를 틀짓고 제약을 가하는 컨텍스트의 중요성은 아무리 강조해도 지나치지 않다. 그 컨텍스트가 압도적인 현실의 모습을 띠든, 시대정신의 외양을 갖든, 어떤 지배적인 이론적 모델이 되든 상관없이 스스로의 가능성을 내포하면서도 그 최선의 가능성에 그림자를 드리우는 제약과 한계에 대한 투시의 잣대를 놓칠 때, 이론적 작업은 도그마의 지위로 그냥 굴러떨어진다. 이즈음의 민주주의에 대한 논의는 그래서 조심스러울 수밖에 없다.

1. 진지한 문제제기

이 책 『민주주의로 가는 길』은 최근 유행하는 편향적 민주주의론과는 일정한 거리를 두는 것 같아 우선 마음이 놓인다. 무엇보다도 공산주의체제가 붕괴한 마당에 만병통치약으로 민주주의를 거론하고 싶어하는 조류에 비해 저자 에르메(Guy Hermet)의 진지함은 더욱 돋보인다. 이슬람 사회에서 드러나는 민주주의와의 양립 불가성, 중국과 남아프리카에서 전개되는 특이한 경로, 동유럽 해체 이후 민주주의의 가능성에 대한 사려깊은 유보. 이런 태도는 새뮤얼 헌팅턴이나 최근 미국 학계의 주류적 조류로 다시 떠오르는 '문화주의 학파'들, 앞에서 언급한 르벨 등이 민주주의의 기치를 한손에 들고서, 각 지역의 반민주적 풍토와 토대를 신랄하게 비난하는 태도와는 선명하게 비교된다. 민주주의의 정착과 관련하여 가장 문제가 많은 동유럽에서 민주주의를 가장 크게 누리는 입장에 있는 서구에 이르기까지, 에르메는 다음과 같은 우려로써 논의를 시작하려 한다. 먼저, 권위주의로부터 시작된 과도기를—민주주의를 지향하기보다는 오히려—온갖 문제와 재앙을 끌어들일 수 있는 기간으로 설정하고 있다. 둘째, 이 과정에서 추진하는 개혁이 민주화로의 길을 닦고 정리하기보다는 오히려 더 많은 혼돈, 구체적으로는 경제침체를 야기할 수도 있다는 것이다. 따라서 민주화 과정에 수반되는 개혁은 민주주의의 정당성을 약화시킬 수도 있다.

민주주의로의 돌파(breakthrough)를 가능하게 만든 조건들이 민주화의 진행에 걸림돌이 되고, 민주화 과정을 위해 필요한 개혁이 오히려 민주주의의 정당성을 훼손하는 이러한 아이러니의 기제에 대한 천착이 없는 민주주의론은 허구이다. 이슬람 사회의 종교갈등은 말할 것도 없고 공산주의 체제의 해체 이후 직면하게 된 민족갈등 같은 문제에 대해 서구민주주의는 별다른 해결책을 제시하지 못하고 있다. 에르메는 그러한 낙관적인 민주주의의 꿈이 깨지자 '민주주의로의 이행'이라는 의제를 좀더 진지하고 겸손하게 되돌아보게 되었다고 판단한다. 바로 이 대목이 에르메의 건강한 진단이자 민주주의 이행론의 건전한 출발점이 되고 있다. 더구나 지금 우리가 내다보고 있는 한 세기는 과거의 상황과는 전혀 다르다는 데에 첨예한 문제의식이 놓여 있다.

오래 전에 완료된 민주화 사례는 규명하기 힘들어졌고, 또 현재진행중인 민주화 사례도 복잡하게 뒤얽힌 현상이 되어버렸다. 저자가 얘기하는 이 책의 내용 범위는 따라서 제한적이며 입장은 조심스럽다. 민주주의와 민주화의 정의가 그 첫번째 주제이고, 민주주의의 역사가 두번째 주제이며, 마지막으로 민주주의체제의 정착과 연관되는 분석이 전개된다.

2. 민주화의 정의

민주화의 정의와 관련해서 다음과 같은 관찰은 주목할 만하다. 즉 민주주의가 경이로운 발전을 이룩하는 능력을 갖추지 못한 것은 분명하지만, 그렇다고 해서 시민들 스스로 자신들의 삶이 개선되기를 바라는 희망마저 저버려서는 안된다는 것이다. 이것은 민주주의에 대한 이중적인 오해를 불식시키는 방향으로 이해되어야 한다. 앞에서 지적했듯이 민주주의가 개혁을 수반하는 것은 일반적이지만, 그 개혁과 민주주의의 과정이 항상 상호보완적으로 작용하는 것은 아니다. 민주화 과정이 과거 권위주의체제의 유산과 문제점들을 척결하는 계기로 작용하긴 하지만, 그 개혁 과정에서 초래되는 혼돈과 정체는 많은 경우 민주주의의 정당성 자체를 약화시키거나 훼손시킬 수도 있다는 점이다. 그러나 이와 대등한 중요성의 관점에서, 민주주의를 사회개혁을 무한정 미루도록 해주는 하나의 안전판으로 여기는 태도에는 더 큰 문제점이 내포되어 있다. 만약 그렇게 된다면 민주주의는 다시 하나의 환상으로 탈바꿈하여 숨어서 기회를 엿보는 권위주의자들에게 빌미를 주고 자리를 내줄 수밖에 없게 될 것이기 때문이다.

3. 근대 민주주의의 역사

근대 민주주의의 역사와 관련하여 홍미로운 몇 가지 주제가 제시된다. 근대 민주주의의 기본인 대의제와 보통선거권 제도가 정착되어온 과정은 여러 가지로 역설적인 성격을 띤다. 잘 알다시피, 민주주의 사상의 발전에서 대의제나 보통선거권 제도는 산업화와 도시화 과정에서 분출하는 일반 시민(인민)의 요구를 가능한 한 억제하기 위한 제어장치로서 성장해왔던 것이다. 그것들은 새로운 기득권층으로 변모해 가는 부르주아 계급이 자신들의 헤게모니를 안정적으로 구축할 수 있는 범위 내에서 허용되는 제도들이었다. 그러나 19세기 중엽 마르크스의 관찰처럼, 열악하고 소외된 노동현장에서 혹사당하는 노동자들에게 선택의 여지는 그리 넓지 않았다. 프랑스에서는 급진적인 사상이 등장하고 인민봉기가 대두하지만 그리 성공적이지 못했다. 영국에서는 차티스트 운동이 이들의 요구에 어느 정도 부응했지만 결과는 미미했다. 영국 정치세력의 대응은 "국가는 개입하지 않고 고용주와 노동조합의 협상을 통해 물질적인 면을 개선해 줌으로써 노동자의 요구를 억누르는 방법이었다." 따라서 대체로 일반시민의 정치적 요구를 무마하고 축소하기 위해 고안된 것이 경제적 타협이었던 것이다. 복지국가 이데올로기역시 이러한 범주에서 크게 벗어나지 않는다. 복지국가를 처음 구상한 사람이 다름아닌 철의 수상 비스마르크임은 잘 알려져 있다. 19세기 말 비스마르크는 노동자들의 급진화를 막기 위한 정치적 통제수단으로서 국가발전과 복지국가의 이데올로기를 이용했다. 사민주의자들이 혁명으로 경도됨에 따라 비스마르크는 노동자에 대한 가족적인 보호라는 기치하에 물질적 인센티브를 제공해 국가에 의존하는 대신 급진적 운동을 외면하도록 하는 전략으로서 복지국가 이데올로기를 발전시켰던 것이다. 1945년 이후 복지국가는 정치적 민주주의와 불가분의 관계에 놓이게 되는데, 그것은 "사회적 민주주의의 대체물로서, 이미 효율성이 입증된 경제 메커니즘의 균형을 위협하지 않는 한 사실상 사회적 민주주의보다 더 바람직한 것이었다."

4. 다양하고 포괄적인 사례 연구

민주주의와 민주화의 개념 정의, 그리고 민주주의의 역사에 대한 해석에 이어지는 저자의 다양한 사례 연구는 이 책의 주요 강점으로 보인다. 특히 1차대전 이전 시기부터 최근에까지 추적한 민주주의 경로의 시간대, 그리고 비교적 순탄했던 서구민주주의에서부터 주변 유럽의 지체된 민주화, 라틴 아메리카의 민주화, 공산권 해체 이후 동유럽 블록의 민주화에 이르는 공간대에 이르기까지, 그 범위는 포괄적이고 종합적이다. 따라서 다양한 모델화와 성격 규정은 중요한 의미를 함축한다.

1870년에서 1914년까지 많은 유럽 국가와 라틴 아메리카 국가들은 서구 즉 영국, 미국, 프랑스의 정치적 자유주의를 변형시켰는바, 저자는 이를 지중해식 변형과 독일식 변형으로 분류하고 있다. 이탈리아, 스페인, 포르투갈이 채택한 지중해식 변형은 그 외양이야 입헌군주정이지만 실제로를 선거조작과 종신직이 보장된 권력가들의 결탁이 정치를 좌우한다. 에르메에 의하면 1945년에 민주화의 물결이 밀려왔으나 크게 확산되지는 못한 것으로 해석한다. 그 이유는 스탈린이 민주주의(인민민주주의)의 이름으로 대항체제를 확산시키고, 또 유럽 지역 밖의 민주주의체제들은 동서냉전의 영향으로 충분히 성숙하지 못한 채 불안정성을 더욱 심화시키고 있었기 때문이다.

1976~1986년에 라틴 아메리카에서 이루어진 정치변동을 저자는 제3의 민주화 물결의 배경으로 설명하고 있다. 이 민주화 물결은 두 가지 측면에서 설명된다. 첫째는 혁명적 유토피아에 대해 지식인 사회가 품고 있던 환상이 깨지는 동시에, 군부통치가 지녔던 상대적 매력도 효력을 잃어가고 있었다는 점이다. 카스트로의 쿠바와 아옌데의 칠레에서 나타난 급진주의 실험의 실패와 체 게바라의 죽음 이후 개량주의적 실용주의의 장점이 발견되고, 급진적인 사회변혁이 한계에 봉착하게 되었던 것이다. 다른 하나는 군부 권위주의의 강압적 통치방식에 지쳐서 민주주의에 대한 열망이 아주 고양되었다는 점이다.

스페인의 민주화 과정은 라틴 아메리카와의 관계나 그 이행과정의 독특한 성격으로 인해 많은 관심을 끌었다. 스페인의 민주화는 한때 반대세력과의 협조를 토대로 시작되었지만, 그 진행방식은 처음 2년 동안은 지배블록에 의해 '위로부터 주어진' 민주화의 형태를 띠었다. 우루과이의 민주화 과정은 상호간의 타협의지를 바탕으로 삼아 합의에 의해 민주주의로 이행한 훌륭한 사례이다. 우루과이의 민주화는 스페인처럼 일단 위로부터 주어진 이후에 정당성을 획득한 경우와 구별된다.

민주화 과정에 대한 교차연구에서 가장 관심을 끄는 것 중의 하나는 멕시코 민주화와 동유럽 국가들의 민주화 과정에 대한 비교분석이다. 에르메는 양자간의 공통점을 유일정당 혹은 지배정당이 헤게모니를 가졌고 또 민주화 과정에서도 그 헤게모니를 포기하기 어려운 상황에서 찾는다. 멕시코와 마찬가지로 동유럽에서도 세 가지의 광범위한 개혁이 상호보완적으로 추진되어야 한다고 본다. 그것은 정치적 개혁, 국가통제의 계획경제에서 시장경제로의 전환, 시민의 민주적 참여 촉진과 노동에 부여된 새로운 의미 고양 등의 과제이다.

저자는 특이한 민주화의 대표적 사례로서 남아프리카공화국을 들고 있다. 여기서는 민주주의가 인종차별정책과 공존해왔는데, 이는 정치적 참정권이 백인에게만 한정된 형태로서 마치 19세기 프랑스의 7월왕정에서 유산자에게만 투표권이 주어졌던 경우와 흡사하다고 해석한다. 남아프리카공화국에서의 대변동은 시민권의 집단적 확대가 민주주의의 역사상 최초로 논리적인 결과, 즉 흑인 대표자들의 권력 장악으로 이어진 사례로 간주한다.

5. 민주화의 주요쟁점과 구조 및 기제의 분석

민주화 과정에 대한 분석에서 저자는 협상을 통한 민주화, 개혁의 속도와 범위에 관한 위기관리, 정책과제의 우선순위 등의 이슈를 강조한다. 이같은 분석적 개념들은 대부분 점진적이고 안정적인 민주화 이행의 요건들로 이해되고 있다.

그리고 민주주의의 조건에 관해서 저자는 경제적 선행조건론을 비판하고 있다. 즉 마틴 립셋이 제시하는 민주주의의 경제적 선결조건은 당시 유럽 대륙에서 경제적으로 가장 앞선 히틀러 통치하의 독일 사례나 중진국에 머문 라틴 아메리카 국가들의 민주화 사례를 볼 때 적실성이 떨어진다는 진단이다. 또 민주화의 경제적 선행조건론이 제기되는 과정에서 발전도상의 사회들이 지닌 민주적 잠재력이 우회적으로 평가절하되어 왔던 것이 사실이다. 일부 사회들은 일종의 반(反)민주적 운명을 짊어지고 있다고 평가하면서 그 근거를 다음의 두 가지에서 찾고 있다. 첫번째는 정치적 관계의 세속화와 신성화의 대립관계이며, 두번째는 공동체적 정체성과 개인적 정체성 간의 갈등을 들고 있다.

민주주의의 전제조건과 관련하여 인도의 사례는 또 다르게 흥미를 끈다. 에르메는 "인도의 정치과정을 보면 민주주의를 꽃피우기 위해서는 경제적·문화적 전제조건이 마련되어야 한다는 주장들은 어느 정도 유보될 수밖에 없다"고 인식한다. 인도에서는 농업과 산업이 민주화에 앞서 발전하지 못했을 뿐만 아니라 오늘날에도 여전히 가장 빈곤한 현실이 지속되고 있다. 그러나 인도에서 선거참여율이나 정치적 안정은 돋보이는 것이었다. 어쨌든 민주주의가 빈곤한 경제적 토양에서도 꽃피는 시대가 도래하는 한편, 근대성에 대한 열망이 더욱 세차게 불어오는 추세에 맞서 교조주의적 반동의 시대도 함께 열리고 있는 것이 작금의 현실이다.

민주주의의 성공 가능성을 시장경제의 강화에서 찾는 민주화 처방도 실제 현실과는 다소 거리가 있다. 하이에크 계열의 '시장민주주의 학파'가 공산주의 경제모델의 붕괴로 반대급부적인 정당성을 획득했지만, 상이하고 차별적인 토대에 이 모델이 더 성공적이라는 보장은 없다. 에르메는 오히려 이러한 극단적 자유주의 경제이론이 사태를 더욱 악화시킬 수 있다고 우려한다. 하지만 소련을 비롯한 공산주의 블록의 쇠퇴와 더불어 등장한 현실정치(Realpolitik)에서 민주주의보다 시장경제를 전파하는 일을 우선시하는 경향이 있는데, 이는 경제발전이 정치변동의 선행조건이라는 학설로 회귀하는 조짐을 보여준다. 공산주의체제의 붕괴로 인해 민주주의의 정당성이 높이 고양된 것은 분명하다. 그러나 이러한 정당성은 그것에 대한 찬성표의 증가라기보다는 반대표의 자동적인 감소로 인한 것이다. 그 정당성이란 다수가 수동적으로 동의한 데서 나온 것이지, 그 가치를 자신있게 지지한 결과는 아닌 것이다.

결론적으로 에르메는 민주주의의 확고한 정착을 위해 두 가지 상반된 요소를 강조한다. 하나는 속도의 문제로서, 경제적 개혁이 국민들이 직접 느낄 수 있을 만큼 그 혜택을 신속하게 가져오는가 하는 점이다. 다른 하나는 입증의 문제로서, 민주주의가 이미 성취한 이득을 다른 체제보다 더욱 확실하게 보호한다는 사실을 입증해주는가 하는 점이다. 그리고 민주화와 시장경제 간의 상호의존관계는 다양한 토대와 유형 속에서 검토되어야 할 성질의 문제이다. 시장의 논리가 민주주의 문제와 관련하여 하나의 도그마로서 해석되어서는 안된다는 것이다. 특히 민주주의를 일찍 정착시킨 나라들에서는 국가가 개입하여 시장의 작용을 조절해왔다는 점을 상기할 만하다. 에르메의 마지막 문장은 민주주의의 불확실성과 딜레마에 대한 함축을 충분히 담고 있다. "인간이 품는 열망이란 언제나 양면적이라서, 권력에 맞서 자율을 갈망하면서 반대로 안전을 지키기 위해 비싼 대가를 치르고라도 국가의 보호를 받으려 한다는 점이다. 민주주의는 국민이 억압에서 풀려나 정치의식을 갖추는 쪽으로 가게 하는 세찬 충동

과, 국민의 복종을 유지시키는 불안감, 이 둘 사이로 난 벼랑
길을 아슬아슬하게 가고 있는 것이다."

6. 이 시대 민주주의론의 지평과 과제

바야흐로 민주주의의 시대이다. 그러나 고착된 현실체제
에 대한 개혁에의 의지가 제약되고 자본주의체제에 대한 지
속적인 문제제기와 시행착오적인 점진주의나마 효력을 잃
고 있는 민주주의론은 공허해보인다. 틀이 정해지고 방향이
주어진 갇힌 상태에서 절차와 형식, 사후 정당화논리로 치
장된 민주화론, 더 나아가 역사적 종착지로서 자유민주주의
를 굳건히 설정해온 바탕 위에서 전개되는 부수적이고 형식
논리적인 민주주의 사상은 기실 위태하다. 투입, 산출과정에
서 만약 피드백이 정해지고 뻔한 것이라면, 그 체제는 이미
사멸한 체제에 불과하다. 다양한 문제제기, 심지어 근본적인
틀에 대한 문제제기까지 진지하게 수용하고, 다양한 피드백
에 대한 적극적 견인장치가 마련되지 않는 민주주의론은 절
름발이 민주주의론이 될 수밖에 없다.
　에르메의 주요 공헌은 다른 무엇보다도 이즈음 유행되
고 있는 편향적이고 고착되고 이미 정해진 민주주의적 전제
와 거리를 두면서, 그런 조류를 진지하게 우려하는 건전한

문제의식에 있다고 본다. 이같은 건전한 문제의식이 비교적 긴 시간대와 다양하고 이질적인 공간대를 아우르면서, 비록 아주 분석적이고 명쾌한 관찰로 나아가지는 못하지만, 현재로서는 분명히 의미있고 풍부한 관찰을 끄집어내고 있다. 미국 학계에서 몇 차례 전개된 민주화에 관한 모델링 작업들이 별다른 의미있는 분석적 틀을 만들어내지 못했음을 상기한다면, 그 다양하고 이질적이며 또한 갖가지로 분기되는 민주화 과정에 대한 이론적 작업은 분명 지난한 것임에 틀림없다. 에르메의 작업이 이러한 민주화의 이론화작업에 뚜렷한 이정표를 제시했다고 보기는 힘들지만(특히 그가 시민권에 기울이는 관심은 다소 지나치다고 생각되며, 또한 이 경향이 자신의 민주화에 관한 이론적 분석틀의 구성과 정교화를 어렵게 하고 있다는 인상을 받는다), 지향해야 할 민주화 논의의 주요한 참조 혹은 점검으로서는 훌륭한 계기가 될 수 있다고 믿는다.

참고문헌

Georges Couffignal (dir.), *Réinventer la démocratie? Le défi latino-américain*, Paris: Presses de Sciences Po: 1992.

Thimoty Garton Ash, *La chaudière. Europe central 1980-1990*, Paris: Gallimard, 1990.

Guy Hermet, *Sociologie de la construction démocratique*, Paris: Economica, 1986.

Guy Hermet, *Les désenchantements de la liberté. La sortie des dictatures dans les années 90*, Paris: Fayard, 1993.

Guy Hermet, *Culture et démocratie*, Paris: UNESCO/Albin Michel, 1993.

Bérengère Marques-Pereira (dir.), *L'Amérique latine vers la démocratie*, Bruxelles: Complexe, 1994.

Georges Mink, J. C. Szurek, *Cet étrange post-communisme*, Paris: Presses du CNRS, 1992.

Miklos Molnár, *La démocratie se lève à l'Est*, Paris: PUF, 1990.

Barrington Moore Jr., *Les origines sociales de la dictature et de la démocratie*, Paris: La Découverte/Maspero, 1983.

Georgina Sanchez-Lopez (dir.), *Les chemins incertains de la démocratie en Amérique latine*, Paris : Karthala, 1993.

조르주 쿠피냘(감수), 『민주주의의 재발명?: 라틴아메리카의 도전』, 파리: 시앙스포 출판부, 1992.

티모티 가르통 아슈, 『가마솥: 1980~1990년의 중부 유럽』, 파리: 갈리마르, 1990.

기 에르메, 『민주주의 건설의 사회학』, 파리: 에코노미카, 1986.

기 에르메, 『자유의 환멸: 1990년대 독재체제의 퇴장』, 파리: 파야르, 1993.

기 에르메, 『문화와 민주주의』, 파리: 유네스코/알뱅 미셸, 1993.

베랑제르 마르크-페레라(감수), 『민주주의를 향해 가는 라틴 아메리카』, 브뤼셀: 콩플렉스, 1994.

조르주 맹크, J. C. 주레크, 『이 이상한 '공산주의 이후'』, 파리: 국립과학연구원 출판부, 1992.

미클로 몰나르, 『민주주의는 동쪽에서 떠오른다』, 파리: PUF, 1990.

배링턴 무어 2세, 『독재정치와 민주정치의 사회적 기원』, 파리: 라 데쿠베르트/마스페로, 1983.

조르지나 산체스-로페스(감수), 『라틴 아메리카 민주주의의 불확실한 길』, 파리: 카르탈라, 1993.

<영문도서>

L. Diamond, J. J. Linz, S. M. Lipset (eds.), *Democracy in Developing Countries*, Boulder (Col.): Lynne Rienner Publisher, 1991 (vol.3).

Samuel P. Huntington, *The Third Wave. Democratization in the Twentieth Century*, Norman: University of Oklahoma Press, 1991.

Juan J. Linz, *The Breakdown of Democratic Regimes*, Baltimore: The Johns Hopkins University Press, 1978 (vol.1).

G. O'Donnell, Ph. C. Schmitter, L. Whitehead (eds.), *Transitions from Authoritarian Rule*, Baltimore: The Johns Hopkins University Press, 1986 (vol.3).

Adam Przeworski, *Democracy and the Market*, Cambridge: Cambridge University Press, 1992.

기 에르메(Guy Hermet)

비교정치학자. 프랑스 국립정치학재단(CERI) 연구원.
파리 정치학연구소 연구부장. '국경 없는 의사회' 부회장.
스위스 로잔 대학과 제네바 국제문제고등연구원에서 강의했고,
유럽, 라틴 아메리카, 구공산권 국가에서의 민주주의 체제의 기원과 발전에
관해 연구해왔다.
주요저서로 『민주주의의 경계』(1983), 『자유의 환멸』(1993), 『문화와 민주주
의』(1993), 『유럽 국가들과 민족주의의 역사』(1996) 등이 있다.

임미경

1963년생
서울대학교 불문과 및 동 대학원 졸업(불문학 박사)
박사학위논문: 「스탕달의 글쓰기와 자기 탐구」
현재 경원대 강사.

한울-시앙스포 총서 1
민주주의로 가는 길
ⓒ 도서출판 한울, 1998
지은이／기 에르메
옮긴이／임미경
펴낸이／김종수
펴낸곳／도서출판 한울
편집책임／임희근
편집／최연희
초판 1쇄 발행／1998년 6월 25일
초판 2쇄 발행／1999년 9월 1일
주소／120-180 서울시 서대문구 창천동 503-24 휴암빌딩 3층
전화／영업 326-0095(대표), 편집 336-6183(대표)
팩스／333-7543
전자우편／newhanul@nuri.net
등록／1980년 3월 13일, 제14-19호

Printed in Korea.
ISBN 89-460-2519-0   94300

* 값은 뒷표지에 적혀 있습니다.